KNAUR

Elena Uhlig

Qualle vor Malle

Urlaub mit Familie,
Chaos inclusive

KNAUR

Besuchen Sie uns im Internet:
www.knaur.de

Papier aus verantwortungsvollen Quellen
FSC® C083411

Originalausgabe April 2018
Knaur Taschenbuch

Ein Imprint der Verlagsgruppe
Droemer Knaur GmbH & Co. KG, München

Covergestaltung: ZERO Werbeagentur, München
Coverabbildung: FinePic / Shutterstock.com
Illustrationen im Innenteil: Shutterstock.com,
zum Teil bearbeitet von FinePic
Satz: Adobe InDesign im Verlag
Druck und Bindung: CPI books GmbH, Leck
ISBN 978-3-426-78958-2

2 4 5 3 1

Sollte mal alles funktionieren,
bin ich VERLOREN.
Dann gäbe es auch dieses Buch nicht.
Ich danke meiner großen Liebe,
Herrn Karl, dass es ihn gibt.

Herzensmenschen im Buch:
die Oma, Konstanze, Kristin,
die Buben und Herr Karl

Frau Uhlig voll in Fahrt

Ganz sicher nicht, Uhlig.«
»Ganz sicher, Karl.«
»Nein, Uhlig, es kann gar nicht sein, dass wir darüber gesprochen haben.«
»Doch, Karl, du hast gesagt, du hast da frei.«
»Uhlig, ich kann da gar nicht gesagt haben, dass ich da freihabe, denn dann hätte ich ja mit Klaus darüber gesprochen, und der weiß auch von nichts.«
»Aber wieso muss denn Klaus davon wissen, Karl?«
Immer Klaus. Immer musste alles mit dem Agenten von Herrn Karl besprochen werden. Obwohl ich Klaus sehr schätze, steht er immer zwischen mir und dem Mann.
»Uhlig, also weißt du, manchmal verstehe ich dich nicht. Als ob du den Beruf zum ersten Mal machen würdest.«
»Nein, Karl, nein. Natürlich bin ich auch Schauspielerin, und klar weiß ich, wie schwierig es ist, zu planen. Aber wieso muss denn Klaus, bevor wir uns überhaupt klar sind, schon involviert werden?«
»Weil ich nicht einfach in den Urlaub fahren kann, ohne dass der Klaus davon weiß!«
»Also, du hast es doch schon mit Klaus besprochen, dass wir in den Urlaub fahren wollen? Ich dachte, der weiß davon nichts.«
»Natürlich weiß er nichts, Uhlig. Nichts, weil es gibt ja noch nichts.«
»Eben, Karl, das ist ja das Problem, es gibt nichts. Nichts,

worauf die Kinder und ich uns freuen können. Wir wollen in den Urlaub. Das kann doch nicht sein, dass die Kinder jetzt unter unserer Planungsunfähigkeit leiden müssen. Wann kannst du denn? Klär das jetzt endlich mit Klaus.«

»Was ist eigentlich mit deiner Agentur, Uhlig, ha? Hast du die schon informiert? Es ist ja nicht so, dass es nur von Klaus und mir abhängt, nein, bei dir ist ja alles offen und genauso ungewiss.«

»Lenk nicht ab, Karl.«

»Ich lenke gar nicht ab, Uhlig. Nur klär du erst mal deine Situation, bevor du mich angreifst und mir Vorwürfe machst.«

Schweigen.

Frau Uhlig fliegt Businessclass

Das konnte doch nicht wahr sein, schon wieder drehte er die Situation zu seinen Gunsten. Aber nicht mit mir, diesmal nicht. An mir lag's ja nun nicht, definitiv nicht, dass wir nicht fahren konnten. Ich wollte Urlaub machen, unbedingt. Musste ich ihn wieder an den verpatzten Winterurlaub vor zwei Jahren erinnern? Damals hatte ich mich bereits schon im Frühsommer wegen der Langstreckenflüge nach Übersee mit Klaus in Verbindung gesetzt. Stunden verbrachte ich auch mit den Reisebüros und der Airline telefonierenderweise, um überhaupt irgendwelche passenden Flüge für den geplanten Zeitraum zu finden. Ich suchte Flüge, die man in irgendeiner Form upgraden und bezahlen konnte. Denn ab fünf Stunden Flugzeit halte ich leider die Economy nicht mehr aus. Ich drehe förmlich durch im Flugzeug. Das war nicht immer so in meinem Leben, aber ich hatte dieses eine schreckliche Erlebnis, es muss jetzt ungefähr siebzehn Jahre her sein. Ich stand am Anfang meiner Schauspielerkarriere und hurra, ich hatte eine kleine Rolle ergattert. Zuerst, so erzählte mir der Produzent, wollte er die Rolle streichen, dann einen Komparsen einsetzen, woraufhin die Regisseurin streikte, und dann hatte er an mich gedacht. Charmant. Aber ich ergriff die Chance. Und hey, wer hat denn die Chance, einmal in seinem Leben aufs Traumschiff zu gehen? Seit mehr als fünfunddreißig Jahren verbringt Deutschland kein Weihnachten und kein Neujahr ohne das Schiff. Ich wollte unbedingt mitfahren, und sei es nur als bessere Komparsin. Und so kam es, dass ich das erste Mal seit meiner Kindheit nach Übersee flog, genauer gesagt nach Rio. Zum Karneval und aufs Schiff.

Als ich im Flieger saß, musste ich feststellen, dass sich seit meiner Kindheit die Langstreckenmaschinen verändert hatten. Die Sitze waren plötzlich so eng. Wie dem auch sei, der Flieger war ausgebucht, man flog über Nacht, und ich saß relativ weit hinten. Natürlich hatte ich Stress am Check-in gemacht, wegen meiner Knie und deren Scheiben. Wenn ich lange sitze, bekomme ich starke Schmerzen und muss aufstehen oder die Beine hochlegen.

Und so hatte man netterweise in Absprache mit einem anderen Fluggast den Platz getauscht, mich in eine Dreierreihe an den Gang gesetzt und – oh Wunder, oh Wunder – daneben war ein leerer Platz … für meine Beine. Vermutlich der einzige freie Platz in der gesamten Economyclass. Zu früh gefreut. Am Fenster saß eine Hochschwangere, und die brauchen bekanntlich ihren Platz, wie ich inzwischen aus eigener Erfahrung weiß. Also überließ ich ihr gerne den leeren Mittelplatz, damit sie die Beine hochlegen konnte, was zur Folge hatte, dass ich mehrfach aufstehen musste, um mir die Beine zu vertreten, was wiederum Unruhe brachte, aber gut. Und dann wurde es Nacht im Flieger, die Mahlzeiten waren serviert und verspeist, die Fensterläden wurden runtergezogen. Es wurde noch beengender. Ich döste vor mich hin, als jemand zwei Reihen vor mir im Mitteltrakt auf einem Mittelplatz einen epileptischen Anfall bekam. Es herrschte große Aufregung, und der Herr daneben wollte nicht mehr neben dem Kranken sitzen bleiben. Er wollte an seinen ursprünglichen Platz zurückkehren. Das war meiner. Und nun drehte ich durch. Panik überkam mich. Ich konnte nicht in der Mitte sitzen, mit noch weniger Beinfreiheit und dann auch noch neben dem Epileptiker. Ich hätte mich jede halbe Stunde an ihm und den anderen in der Reihe, die ja schlafen wollten, vorbeidrücken müssen. Bei der von mir verursachten Unruhe hätte das mit Sicherheit einen neuen Anfall auslösen können. Es überkam mich eine noch größere Panik. Das war alles zu viel. Meiner Schwangeren konnte ich den Mittelplatz auch nicht wegnehmen, wegen ihrer Beine. Eine ausweglose Situation. Ich begann, laut zu schluchzen, die Tränen liefen mir die Wangen runter, ich konnte mich gar nicht mehr beruhigen. Je lauter ich weinte, umso mehr versuchte man mich stillzustellen, damit die anderen Fluggäste nicht aufwachten und womöglich auch in Panik gerieten. Alle Maßnahmen der Flugbegleiter beruhigten mich nicht, im Gegenteil, sie fachten meine Panik weiter an. Ich hatte also nicht nur Knieprobleme, ich war dazu auch noch klaustrophobisch. Ganz großartig. Ich zitterte am ganzen Körper. Dann plötzlich öffnete sich ganz weit vorne der Vorhang, der die Eco- von der Businessclass trennte. Der Retter, ein fescher Steward – wie ich später erfuhr, war er der Chefsteward –, steuerte auf mich zu. In der einen Hand hielt er ein Glas mit Wasser (klar, Glas gab es ja nur in der Businessclass), in der anderen etwas, das ich von Weitem nicht identifizieren konnte. Als er bei mir ankam, erkannte ich eine Tablette, die er mir reichte.

»For what?«, fragte ich, während ich in seinen rehbrau-

nen Augen versank, die mich magisch in ihren Bann zogen.
»It helps, drink and come with me, please«, sagte er bestimmt. Nachdem ich die Tablette brav geschluckt hatte, zog er mich hoch und bugsierte mich geradewegs in die Businessclass. In diesem Moment hätte er mich überall hinschleppen können. Als wir in der Businessclass ankamen (die übrigens nichts mit der Economy gemein hat, Welten liegen dazwischen, und endlich verstehe ich auch den Begriff Holzklasse), drückte er mich auf einen freien Sitz, verwandelte diesen in eine Liege, legte eine Decke um mich und sagte: »Sleep.«
Herrlich! Das Problem ist nur: Seitdem kann ich nicht mehr Eco auf Langstrecken fliegen. Ich sammle akribisch Flugmeilen und schaue zusätzlich, wo ich noch Flugschnäppchen herbekomme. Und das muss man planen. Und deswegen telefonierte ich auch schon Monate vorher mit Klaus, denn ich hatte Superflüge nach Amerika gefunden. Aber Klaus machte mir einen Strich durch die Rechnung. Natürlich nur, weil der Herr Karl eventuell da eine Rolle in Aussicht hat, die er doch so gerne spielen würde. Und wenn Herrn Karl eine Rolle in Aussicht gestellt wird, dann hat er sie zwei Monate später ganz sicher. Bei mir ist das anders. Wenn ich eine Rolle eventuell habe, habe ich sie zwei Monate später ganz sicher nicht. Bei Herrn Karl konkretisieren sich die Sachen immer, bei mir verflüchtigen sie sich. Aber ich hatte Flüge! Tja, und was passierte dann? Ich musste die Flüge aufgeben, weil sich beim Herrn Karl schon wieder etwas konkretisiert hatte.

Frau Uhlig und Herr Karl machen Urlaub

Aber dieses Mal musste es klappen. Ich kann auch ganz schön hartnäckig sein! Also drehte ich unsere Diskussion wieder zu meinen Gunsten. Das kann ich nämlich auch sehr gut.
»Karl, ich hab frei. Ich bin vogelfrei, da brauch ich meine Agentur gar nicht anzurufen!«
»Ja, Uhlig, es könnte aber was kommen.«
»Das könnte es immer, aber dann fahren wir nie weg, Karl.«
»So ist unser Leben, Uhlig.«
Im Geiste musste ich ihm leider recht geben. Klar, unser Leben war so. Urlaub ist ein heikles Thema, nicht nur bei uns Schauspielern, sondern bei allen anderen auch. Ein heiß diskutiertes Thema, die wichtigste Zeit im Jahr, worauf man hinarbeitet. Endlich selbstbestimmt leben, das machen, was man schon das ganze Jahr über machen wollte. Sich mit größter Muße voll und ganz der Familie hingeben. Wären da nicht all die Schwierigkeiten: Wann kann man fahren? Bekommt man dieses Jahr die Urlaubszeit genehmigt, die man gerne nehmen würde? Grundsätzlich scheint es ja immer ungerecht verteilt zu sein. Kindergartenpädagogen zum Beispiel müssen zu den Schließzeiten vom Kindergarten Urlaub nehmen. Lehrer grundsätzlich in den Schulferien. Auf jeden Fall müssen beide Gruppen immer dann fahren, wenn es am

teuersten ist. Ganz zu schweigen von den Eltern schulpflichtiger Kinder. Für Ärzte und Krankenschwestern wiederum zählen Feiertage nicht, sie werden rund um die Uhr gebraucht. Zu allem Übel kommt noch hinzu, dass sich alle mit den Kollegen, dem Chef und den vorgegebenen Firmenurlaubszeiten abstimmen müssen. Dann hat man zu Hause auch noch jemanden, der das überall und mit allen abstimmen muss. Dann will man vielleicht noch mit einer anderen Familie, den Großeltern, den Bekannten aus dem letzten Urlaub oder den alten Freunden verreisen. Der Horror! Panik bricht schon wieder aus, das Organisationschaos ist vorprogrammiert, die Laune wird schlecht. Dabei hat man sich doch so gefreut und den Urlaub so bitter nötig. Man kann es nicht anders sagen: Der wohlverdiente Jahresurlaub ist ein logistisches Meisterwerk. Das Problem bei uns Filmschauspielern ist, dass wir abrufbereit sein müssen, immer bereit für die Rolle, die da kommen könnte. Dabei wird alles Private hintangestellt, denn alles ist verschiebbar, und nichts ist so wichtig wie der Film. Man darf nicht krank werden, denn dann versichert einen womöglich die Filmausfallversicherung beim nächsten Film nicht mehr. Geburtstag hat man jedes Jahr wieder, den jetzigen kann man zu jedem anderen Zeitpunkt nachfeiern. Klar, Kinder werden nur einmal eingeschult, aber dann spielt jemand anderer deine Filmrolle. Schade aber auch und tschüss, wenn dir die Einschulung wichtiger ist. Ich habe es so erleben dürfen: »Die lebt doch auf dem Land und hat Kinder. Die dreht doch nicht mehr.« Entschuldigung, ich wollte nur bei der Einschulung meines Großen dabei sein!

Man muss wissen, wo die Prioritäten liegen. Ich weiß das!

Ich will in den Urlaub fahren, und diesmal werde ich es schaffen, Herrn Karl, mich und die Kinder gemeinsam zu verschiffen, ohne dass wir danach pleite, joblos und verkracht sind.

»Lieber, ganz sicher hast du wahrscheinlich recht. Wahrscheinlich habe ich es tatsächlich nicht mit dir abgesprochen. Ganz sicher. Ich würde halt so wahnsinnig gerne mit dir und den Kindern in den Urlaub fahren. Ich telefoniere auch gleich mit meiner Agentur. Könntest du vielleicht auch den Klaus fragen, was er dazu meint und wie er die Situation und den Arbeitsmarkt einschätzt und ob wir vielleicht die Chance haben, ohne dass das bei dir Schwierigkeiten mit sich bringt, ein paar Tage für uns abzuzwacken.«

Dieser Kurs war gut gewählt, den musste ich unbedingt weiterfahren, den Spieß umdrehen. Und siehe da, es funktionierte.

»Uhlig, ich muss überhaupt niemanden fragen, wenn ich wegfahren will. Wenn ich wegfahren will, dann fahre ich.«

»Ach so, ich hab ja nur gemeint, dass der Klaus …«

»Der liebe Klaus wird jetzt die Termine sperren, an denen wir wegfahren. So sieht's aus, Uhlig.«

Frau Uhlig hat Terminprobleme

Seit zwei Jahren war ich zu einer Gala einer renommierten Frauenzeitschrift eingeladen, ich sollte sogar eine Laudatio halten, worauf ich auch Lust hatte. Im ersten Jahr musste ich drehen, es hing alles von diesem Drehtag ab. Obwohl der Tag schon lange vorher bei meiner Agentur gesperrt worden war, sah sich die Filmfirma nicht in der Lage, mich an diesem Tag rauszulassen. Vorher hatte ich fünf Tage frei und hinterher auch, aber an diesem Tag hing das Wohl und Wehe des Films. Dummerweise war das auch ein Tag mitten in der Woche. Wie kann man auch eine Gala mitten in der Woche ansetzen? Aber gut. Ich versprach in die Hand, nächstes Jahr, nächstes Jahr werde ich dabei sein. Man müsste mir halt nur den Termin frühzeitig, wirklich frühzeitig, bekannt geben, und dann würde ich an dem Tag im nächsten Jahr wirklich nicht drehen. Ich versprach es, da könnte die Eisenbahn drüberfahren.

»Uhlig? Passt dir das dann mit der Premiere unseres gemeinsamen Leseprogramms am 21. Oktober nächsten Jahres?«

»Karl, wie soll ich wissen, was nächstes Jahr am 21. Oktober ist?«

»Jetzt weißt du's, Uhlig, da lesen wir.«

»Was ist denn das für ein Tag?«

»Keine Ahnung, Uhlig, sperre den einfach.«

Hab ich auch gemacht. Ganz sicher. Gleich nach unserem Gespräch habe ich die Agentur angerufen und den 21. Oktober im nächsten Jahr gesperrt und dann den Termin aus meinem Kurzzeitgedächtnis rausgelöscht, damit Platz für das Fußballturnier des Kleinen nächste Woche war. Irgendwann, ich weiß nicht wann, kam eine E-Mail. *Safe the date*: Gala, Frauenzeitschrift. Herrlich, da kann ich! Gut, dass sie es diesmal auf einen Samstag gelegt haben, dachte ich. Ist auch viel besser an einem Samstag. So, und nun gleich weiterleiten an die Agentur, damit sie den Termin sperrt, wäre ja peinlich, wenn man dieses Jahr nicht hingeht. Termin schnell wieder aus dem Kurzzeitgedächtnis löschen, musste mich um die Fußballturniere des Großen kümmern.

»Uhlig, freust du dich schon auf die Lesung?«, fragte mich Herr Karl ein paar Tage später.

»Welche Lesung, Karl?«

»Unsere, Uhlig. Unsere.«

»Aber die ist doch erst in einem Jahr im November in Wien?«

»Aber die Premiere ist am 21. Oktober in Bad Schallerbach.«

Schweigen.

Schweigen.

»Uhlig, hast du den Termin aufgeschrieben?«

»Ja, klar, Karl, hab ich. Alles klar.«

Der 21., da war was. Scheiße, da war was, und ich wusste nicht mehr, was. Mir schwante Übles. Aber es würde ja erst in einem Dreivierteljahr sein. Warum heute schon die Pferde scheu machen? Lieber noch ein bisschen den Kopf in den Sand stecken und die Termine der Buben im nächsten Monat planen, denn Fußball ist ja schließlich

wichtig. »Sag mal, Karl, was ist jetzt eigentlich mit unserem Urlaub? Du hast doch mit Klaus schon ein Zeitfenster besprochen?«
»Das hatten wir doch schon geklärt, Uhlig.«
»Hatten wir das, Karl?«
»Natürlich. Neun Tage im Mai. Hast du dir das nicht aufgeschrieben?«
»Doch, doch. Ich hab's ja auch gleich gesperrt. Ich habe sie jetzt nur nicht im Kopf.«
Oh Gott, ich musste dringend meine Agentur anrufen, ich hoffe, da war nichts Wichtiges.
»Welches Datum war's noch mal genau, Karl?«
»Uhlig, das weiß ich jetzt nicht. Da müsste ich den Klaus anrufen.«
»Aber im Mai, Karl.«
»Im Mai, Uhlig.«
»Und wir fahren, Karl?«
»Natürlich fahren wir, Uhlig.«
»Ich bin bereit, Karl.«
»Und ich schon lange, Uhlig.«

Frau Uhlig will an die Nordsee

Herr Karl hatte einen Slot frei gemacht! Neun Tage Urlaub – nicht mehr, aber auch nicht weniger. Wir werden fahren, wir werden fliegen, wir werden reisen. Weg. Weit weg. Nur wohin? Wir hatten einen ewigen Konflikt: Ich wollte gerne an die Nordsee, Herr Karl in den Süden. Vor ein paar Jahren hätte ich mich sogar fast durchgesetzt.

Herr Karl ist Österreicher und ist es seit seiner Jugend gewohnt, in den Süden zu fahren, gerne nach Italien – Bibione oder Caorle –, aber doch nicht nach Deutschland, schon gar nicht an die Nordsee. Kann man da überhaupt ins Wasser? Und geht da nicht immer so ein Wind? Kulinarisch gesehen herrscht da seiner Meinung nach auch eher Dürre. Wenn man ans Meer fährt, dann muss es warm sein, windstill, und für den Gaumen muss es vielfältiger sein. Miesmuscheln in Weißweinsud oder Scholle mit Speck reichen dem Herrn Karl nicht aus. Also mir läuft das Wasser im Mund zusammen beim Gedanken an Matjesbrötchen. Und dass die deutsche Küche auch einige Sterneköche hervorgebracht hat, erwähnte ich gegenüber Herrn Karl gar nicht erst. Als Kind verbrachte ich einige schöne Sommerferien am Nordseestrand, pulte Krabben im Strandkorb, dazu gab es Majo und schönes Weißbrot, die Möwen und die Weite des Meeres. Herrlich! Überhaupt hat die Nordsee ein wunderbares Mischklima, es ist nie zu heiß für stundenlange

Spaziergänge, und mit etwas Glück hat man auch noch Wattenmeer. Wo hat man schon Gezeiten in dieser Form? Ich stellte mir vor, wie meine Kinder nach Wattwürmern suchten, durch kleine Siele wateten, lustig vor den heranrollenden Wellen hersprangen. Meine Fantasie ging mit mir durch, ich sah schon große, kleine, schiefe und perfekte Sandburgen vor mir. Die Kinder konnten Muscheln sammeln, vielleicht fanden sie sogar Bernstein. Meine Kinder wurden kleine Schatzsucher und ich reich. Ich wollte an die Nordsee. Zweieinhalb Jahre hatte ich damals gebettelt, gefleht, gebetet, gehofft. Nordsee. Warum immer in die Ferne schweifen, wenn das Gute doch so nah, dachte ich. Das fand Herr Karl auch, und deshalb wollte er nach Italien.

»Uhlig! Das warme Meer ist nur vierhundert Kilometer entfernt. Deine Nordsee tausend Kilometer.«

»Ja, von hier, Karl! Aber von meiner Heimat sind es auch nur knapp vierhundert Kilometer.«

»Aber du lebst doch hier, Uhlig!«

»Trotzdem kann ich Heimatgefühle haben, Karl.«

»Aber nicht bei unserem Sommerurlaub, Uhlig.«

»Du magst einfach Deutschland nicht, Karl.«

»Ich liebe Deutschland, ich liebe eine Deutsche, und Deutschland ist mein Hauptauftraggeber.«

»Du liebst mich, Karl?«

»Nerv nicht, Uhlig!«

»Also fahren wir an die Nordsee, Karl?«

»Wenn's sein muss, Uhlig.«

»Ja, Karl, es muss.«

Frau Uhlig setzt sich durch

Und somit suchte ich wie eine Wilde nach traumhaften Unterkünften, die Herrn Karl zusagen würden. Also in erster Linie mussten sie meinen Ansprüchen gerecht werden, aber das ist ein anderes Kapitel. Ich wollte wieder auf die autofreie Insel.

»*Das Nordseeheilbad Spiekeroog ist eine der Ostfriesischen Inseln im niedersächsischen Wattenmeer* – Wattenmeer! Herrlich! – *und liegt zwischen Langcoog und Wangerooge«*, las ich Herrn Karl aus Wikipedia vor. »*Die Insel umfasst eine Fläche von 18,25 Quadratkilometern.*« Das hätte ich aber auch noch gewusst.

»Karl, hörst du? Die Insel ist autofrei und über eine Fährverbindung mit dem Hafen Neuharlingersiel verbunden.« Herr Karl liebt Informationen, und irgendwie musste ich ihm die Reise doch schmackhaft machen.

»Hier steht«, fuhr ich weiter fort, denn gut ist bei Herrn Karl, immer fundiertes Wissen zu haben, ansonsten weiß er es besser, »*Spiekeroog hat als einzige der sieben bewohnten Ostfriesischen Inseln keinen Flugplatz. Im Hafenbereich ist ein Landeplatz für Hubschrauber nach den üblichen Standards eingerichtet.* Na, Gott sei Dank, Karl, falls was passiert. *Für das Fahrradfahren gibt es Einschränkungen.*«

»Was für Einschränkungen, Uhlig?«

»Keine Ahnung, Karl. Das steht hier nicht. Aber hör zu! *Auf Spiekeroog leben ständig knapp achthundert Ein-*

wohner. Zentraler Wirtschaftsfaktor ist der Tourismus. Die Herkunft des Namens Spiekeroog, urkundlich erstmals 1398 als Spickeroch erwähnt, ist umstritten. Soll ich weiterlesen, Karl?« Natürlich war das nur eine rhetorische Frage, ich musste dringend weiter vorlesen, das spürte ich, Herr Karl war schon interessiert.
»Danke, es reicht, Uhlig.«
»Aber jetzt wird's spannend, Karl. Hör mal hier: *Im fünfzehnten Jahrhundert wurden hundert Schafe geraubt* und *1625 lebten nicht mehr als dreizehn Familien auf der Insel, die ihren Lebensunterhalt auch vom Fischfang bestritten.* Wie du, Karl, das muss dir doch entgegenkommen, das Fischen. Und dann haben sie sogar Ware nach Helgoland geschmuggelt. Wahnsinn, das hätte ich nicht gedacht. Auf Helgoland war ich einmal mit Oma, aber das führt jetzt zu weit.«
»Das finde ich auch, Uhlig.«
»Das gibt's ja nicht, Karl. Stell dir vor, Napoleon war in den Schmuggel verwickelt.«
»Mhm, interessant«, murmelte er.
»Ab 1820 wurde Spiekeroog von Feriengästen aufgesucht. Irgendwann haben die Spiekerooger auch so ein Schiff gerettet, das auf den Nordwester-Gründen von Spiekeroog strandete. Die fünfköpfige französische Besatzung wurde von Spiekerooger Insulanern mit einem Rettungsboot gerettet.«
»Verstehe, Uhlig! Interessant.«
Ah, ich wusste es doch, dass ihn das packen würde. Also fuhr ich fort: »Hör zu, Karl, im Zweiten Weltkrieg haben die auch noch eine Rolle gespielt. *Während des Ersten Weltkriegs strandete das Vorpostenboot Moltke der kaiserlichen Marine während eines Wintersturms am 2. Ja-*

nuar 1916 auf der Insel. Ach Gott, entschuldige, Karl, es war der Erste Weltkrieg, gar nicht der Zweite. Über den Zweiten steht hier nix. Nur, und das ist wieder einmal interessant zum Thema Geschichte: *Im Jahr 1934 wurde ein Flugplatz eingerichtet, der bis 1945 in Betrieb war.* Interessant, der Zeitpunkt, interessant. Wenn das mal nicht mit der Luftwaffe im Zweiten Weltkrieg zu tun hat, aber darüber schreiben die mal wieder nix. Gut, ich reg mich nicht weiter auf. Auf jeden Fall ist Spiekeroog seit 1969 Nordseeheilbad.«

»Uhlig, es reicht. Ich habe verstanden! Eine tolle Wahl.«

»Du, seit 2007 gibt's hier auch so ein Künstlerhaus. Das kenn ich noch gar nicht, Karl.«

»Seit wann interessierst du dich für Kunst, Uhlig?«

»Immer schon. Immer. Genau wie man auch in das Alter von Geschmeide kommt, kommt man auch in das Alter von Kunst.«

»Du, Klaus, hör zu, das mit den Terminen müssen wir ändern.« Fassungslos schaute ich Herrn Karl an. Das Telefon unterbrach meine Informationsveranstaltung über die beschauliche Nordsee und deren sagenumwobene Insel Spiekeroog.

»Klaus, die Uhlig will nach Spiekeroog ... Frag mich nicht. Können wir an dem Termin, den ich mit dir neulich besprochen habe? ... Buchen und den anderen Termin müssen wir ändern! ... Genau, den meine ich. Nimm den Termin raus. ... Ja, ich hab der Uhlig gesagt, dass man das eigentlich jetzt noch nicht machen kann so weit im Voraus. Aber der eine Dreh findet da definitiv nicht statt, richtig? ... Okay, Klaus, ja ... Ja, den anderen planen wir um. ... Ja ... Du, angeblich muss man die Nordsee weit im Voraus buchen.«

»Fast ein Jahr, Karl«, schaltete ich mich dazwischen, »wenn das überhaupt reicht bei Spiekeroog.«

»Uhlig, kannst du mich kurz mit Klaus in Ruhe reden lassen?«

»Aber wir waren doch gerade bei unserer Urlaubsplanung und ob dir die Insel gefällt.«

»Ganz hervorragend, hervorragend, buch bitte, Spiekeroog, herrlich. Bitte buch.« Herr Karl verschwand telefonierend aus dem Zimmer, ich hörte nur noch: »Natürlich wär Ibiza schön, Klaus. Auch nach Sizilien wollte ich immer schon. ... Ja, ja, was soll man sagen, Klaus.« Und dann konnte ich nichts mehr hören, Hauptsache, Herr Karl und der Klaus waren sich wieder einmal einig. Egal. Ich buchte. Ich fand eine wunderschöne Ferienwohnung und sah überhaupt keinen Haken. Das folgende halbe Jahr suhlte ich mich in Tagträumen von der wilden Nordsee. Es würde ein Traumurlaub werden, ich wusste es. Ich würde den Herrn Karl schon noch dazu kriegen, sich in die Nordsee zu verlieben. Vielleicht buche ich gleich für den Anschluss noch etwas an einem anderen Nordseefleckchen, damit Herr Karl die ganze Bandbreite des Nordens kennenlernen konnte. Wunderbare Idee! Gesagt, getan, auch hier fand ich den idealen Flecken. Ich musste Herrn Karl später aus Wikipedia vorlesen. Das würde ihn freuen und seine Lust anfachen.

Frau Uhlig muss klein beigeben

Tja, aber manchmal, manchmal. Tja, was soll ich sagen. Klaus rief an. Er ist ein ganz wunderbarer, toller Schauspielagent, der sich um seine Klienten sorgt und, wenn es sein muss, rund um die Uhr. Aber hin und wieder ist es wirklich schwierig, ihn nicht als Feindbild zu betrachten.

Es stellte sich bald heraus, dass sich eine Änderung ergab für einen Film, auf den sich Herr Karl wirklich freute.

»Wieso wird der Schauspieler umbesetzt, Karl?«

»Uhlig, das hilft nix, das jetzt zu erklären. Fakt ist, wenn du auf diesen Urlaub beharrst, dann fahren wir. Dann ist das so.«

»Ja, aber Karl, der Kollege ist doch wichtig für den Film?«

»Wichtig ist doch unser Urlaub, Uhlig, und dass du glücklich bist. Klaus musste mich nur informieren.«

»Nee, Karl, das geht nicht. Dann streichen wir den Urlaub. Die Nordsee können wir ja auch ein anderes Mal sehen.«

»Uhlig, wirklich. Lass uns an die Nordsee fahren, es war dir doch so wichtig.«

»Richtig, Karl. Richtig, es war.« Dass Herr Karl nun die Vergangenheitsform ins Spiel gebracht hatte, war mir in dem Moment nicht bewusst. War die Nordsee in seinen Gedanken längst Geschichte? Hatte er nur so getan, als würde er mir die Entscheidung überlassen, hatte er wieder

den Spieß umgedreht? War es von vorneherein ein abgekartetes Spiel zwischen ihm und Klaus? Nein, Uhlig, nein. *Fuku schallallaawawa*, so etwas Böses würde Herr Karl nicht tun. Und doch … Aber bevor ich länger über die Vergangenheitsform, das Komplott und die Verschwörung nachdenken konnte, sprach er weiter.
»Weißt du, Uhlig. Ihr kommt dann einfach mit. Und dann machen wir uns eine schöne Zeit. Irland ist doch super. Da finden wir bestimmt ein schönes Haus am Meer …!«
Tja. Leider musste man für die Hälfte des Urlaubs in Spiekeroog Stornokosten zahlen. Das war der Haken an der Wohnung, ich hatte mich schon gewundert, dass alles so wunderbar gepasst hat. Manchmal würde es sich doch lohnen, das Kleingedruckte zu lesen, obwohl es vermutlich nichts geändert hätte. Ich hatte mich schon in die Ferienwohnung verliebt, und wenn ich verliebt bin, bin ich verliebt. In stillem Gedenken an die Traumunterkunft habe ich also klein beigegeben, als wir diskutierten, in welche Himmelsrichtung es denn gehen sollte. So bleibt der Urlaub mit Herrn Karl und den Kindern auf Spiekeroog ein unerfüllter Traum.

Frau Uhlig im Reisefieber

Nach stundenlanger Internetrecherche habe ich beschlossen, ganz klassisch ins Reisebüro zu gehen. Ich war es leid, mich durch E-Bookers, Check-Felix, Trivago, Air-Berlin-Holidays und Abindenurlaub.de zu klicken. Ich kann das auch gar nicht wirklich gut, denn hier müsste ich mich selbst entscheiden. ENTSCHEIDEN! Mit zunehmendem Alter gestaltet sich die Entscheidungsfindung noch schwerer. Wenn ich ein Oberteil kaufen will, das es in mehreren Farben gibt, verfalle ich in Schockstarre. Was nun ...? Deshalb habe ich mir angewöhnt, ein Oberteil, wenn es mir wirklich gefällt, immer gleich in allen Farben, die es gibt, zu kaufen. Das Leben ist sehr viel leichter seitdem ... Also blieb mir auch nichts anderes übrig als der Gang zum Reisebüro. Wenn ich mich schon außerstande sehe, ein Oberteil auszuwählen, wie sollte ich mich allein im Internet entscheiden, wohin wir fahren? Was ist das überhaupt für ein Quatsch mit diesem blöden Internet? Gibt es nicht Reisefachleute, die das gelernt haben, richtige Experten? Die auch ihre Wohnung und ihr Essen bezahlen müssen? Die darauf angewiesen sind, mir ihre Reise zu verkaufen? Die wissen, welche Destination wann wie angeflogen wird, wann Regenzeit und wie veraltet das Hotel ist. Es ist ja auch wichtig zu wissen, ob ein Hotel gerade Renovierungen vornimmt. Möglicherweise ist nur ein Flur bewohnbar und alles andere noch *under construction*. Das alles weiß der freundliche Reisefachverkäufer. Darüber hinaus liebe ich Reisebüros, ein Ort der Begegnung mit mir und der Reise. Immer bekommt man etwas zu trinken angeboten, und meistens stehen kleine Schalen mit Gummibärenwerbepackungen der Reiseveranstalter direkt griffbereit, sozusagen in Mundnähe. Sobald ich ein Reisebüro betrete, bin ich schon unterzuckert. Das Gehirn ist leer gefegt, in böser Vorahnung, bald Entscheidungen treffen zu müssen. Wichtige Entscheidungen, die den Jahresurlaub und dessen Ausgang betreffen. Man muss sich erholen, den Ärger, den Stress und die schlechte Haut zu Hause vergessen, die Seele baumeln lassen, sodass die energetischen Flüsse wieder frei fließen können und die Chakren-Depots wieder aufgefüllt werden. Diese Reise soll den neuen Frühling in die Beziehung bringen, denn das matschige Sumpfgebiet mit vereisten Schollen ist schwer zu ertragen. Auch möchte man wieder zu den Kindern durchdringen, die mittlerweile zu kleinen, nervensaugenden Wesen mutiert sind. Das alles hängt jetzt von der richtigen Entscheidung ab. Und dafür braucht mein Gehirn Nervennahrung, und der Inhalt der kleinen Gummibärenwerbepackungen, meistens übrigens kleine Gelatineflugzeuge in bunten Farben mit extra viel Zucker, fliegt direkt durch meinen Mund in mein Gehirn. Nur so bin ich bereit, mich dem Reisefachverkäufer vollends hinzugeben, seiner Entscheidungskraft zu vertrauen, er ist die Mutter meiner Reise. Endlich kann ich loslassen, hier wird man sich meiner Beziehung, meiner Kinder und meiner Seele annehmen. Ich werde gestärkt und kraftvoll – möglicherweise pleite, aber egal – mit unserer Reise im Gepäck das Reisebüro verlassen.

Ich kann hier wirklich niemandem einen Vorwurf machen. Die junge Dame, die mich beriet, war richtig gut geschult und kannte sich hervorragend aus. Auch die Idee, in ein Kinderhotel auf Mallorca zu fahren, erschien mir das einzig wirklich Wahre, zumindest wenn man zwei kleine Kinder hat. Mein Großer war sechs und mein Kleiner vier. Auch wurde diese Anlage als die größte in Mallorca gehandelt, und somit gab es auch die meisten Spielangebote für die Lütten. All-inclusive, hervorragend! Ich verstand sämtliche Vorzüge, die mir die Reisefachverkäuferin darlegte. Auch gab es gerade ein besonderes Special und *Vier Sterne plus* war ja nun nicht von schlechten Eltern. Aber Obacht! Der deutsche Stern ist anders als der spanische, der spanische wiederum anders als der thailändische. Und auch in Übersee deutet man die Sterne anders. Dies war mir allerdings nicht bewusst, jedenfalls erläuterte mir die Frau Reisefachverkäuferin dies auch nicht näher. *Vier Sterne plus,* hurra, ich bin da. Als ich es mit dem Mann besprechen wollte, war Herr Karl wieder einmal überhaupt nicht erreichbar. Er befand sich in einem Funkloch im bayerischen Hinterland beim Dreh, und so entschied ich kurzerhand, dieses wahre Schnäppchen nicht ziehen zu lassen, ich musste zuschnappen.

Als ich ihm später davon berichtete, stand er zu meiner Entscheidung. Das musste ich Herrn Karl wirklich zugutehalten. Allerdings fragte er doch, ob wir wirklich ein Kinderhotel brauchten.

»Natürlich, weißt du, wie toll das ist? Da kann man die Kinder abgeben, und die spielen dann schön.«

»Ja, Uhlig, aber wir wollen die Kinder doch gar nicht abgeben, wir wollen doch mit ihnen Urlaub machen.«

»Wir könnten aber, Karl.«

»Gut, wenn du das sagst, dann wird das schon ganz toll sein.«

»Es ist ganz toll! Die haben ein Superangebot. Ich glaube, es gibt zwar nur einen Indoorpool, dafür aber sechs Außenpools und acht Rutschen.«

»Sind denn die Pools auch beheizt, Uhlig?«

»Wieso? Was weiß denn ich?«

»Das wäre aber wichtig. Immerhin fahren wir Anfang Mai, da kann es noch ganz schön kühl sein.«

»Du hättest dich ja auch um die Reise kümmern können. Aber nein, der Herr ist ja beim Dreh und nicht erreichbar.«

»Liebe, du wusstest, dass es der einzige Tag ist, an dem ich vermutlich schlecht zu erreichen bin. Du hättest ja auch an einem anderen Tag … aber egal, du wirst schon etwas ganz Tolles ausgesucht haben. Ich freu mich drauf.«

Frau Uhlig muss packen

Ich kann wirklich schlecht packen. Ich habe ein veritables Packtrauma. Es lähmt mich. Tage davor befinde ich mich im Ausnahmezustand. So auch diesmal. Ich prüfte die Wetterlage. Aber Wetter hin oder her, ich wusste, dass ich sowieso alles einpacken würde. Ich kann mich einfach nicht entscheiden. Und wer hat überhaupt schon mal erlebt, dass die Vorhersagen stimmen, eben. Plötzlich bekam ich auch das Gefühl, dass die Klamotten, die ich seit drei Jahren in meinem Schrank nicht angeschaut hatte, nun mitmussten, ohne sie würde der Urlaub nicht funktionieren. Schlagartig wurde mir klar, warum ich sie drei Jahre im Schrank nicht angerührt hatte: Damit ich sie nicht abnutzte! Ich spürte die ganze Zeit schon, dass wir irgendwann diesen Urlaub machen würden. Ich kaufe nichts ohne Grund, es hat alles immer einen Grund, das wird mir in dem Moment klar. (Vielleicht bin ich doch ein Medium? Ich wurde ja schon des Öfteren auf meinen sechsten Sinn angesprochen.) Also musste ich alle meine Kleider durchprobieren, alle. So ist das immer. Und wie immer stellte ich fest, dass die Hälfte nicht mehr passte. Meine geistigen Kräfte müssen wohl noch besser geschult werden, zumindest hinsichtlich der Prognostik meiner Körperfülle. Ich bekam eine Krise und musste mich erst einmal vom Packen für zwei Tage verabschieden, da es mir nun psychisch nicht gut ging. Auch wenn ich mit meinem Gewicht nun im Einklang bin, muss ich

zugeben: Ich möchte doch, dass die Sachen passen und ich schön aussehe.
Die Abreise rückte näher, ich geriet in Stress und schaffte es nicht mehr, einen neuen Badeanzug zu besorgen. Spätestens bei der Kosmetikfrage war ich völlig hilflos. Privat schminkte ich mich eigentlich nie, hatte aber ganz viele Schminksachen zu Hause, weil ich ja wusste, wie's geht …, die Tiegel so hübsch aussehen und ich sehr viel Zeit in Duty-free-Shops verbrachte, während ich auf Abflüge wartete. Es könnte doch passieren, dass ich mich täglich schminken will. So richtig. Und deshalb musste ganz viel mit. Lippenstifte in fünf verschiedenen Farben waren nur die Spitze des Eisberges! Zu dem Zeitpunkt wusste ich auch noch immer nicht, welche Klamotten ich dann tragen werde, es war ja noch nicht gepackt. Erst brauchte ich alle Variationen von Lippenfarben, bevor ich imstande war, Klamotten rauszusuchen.
Um nicht noch einmal den halben Kleiderschrank durchzuprobieren, hatte ich ein ausgefeiltes System entwickelt. Erst hänge ich die Klamotten im Wohnzimmer auf den Eisenträger, der das Dach hält und wie eine Kleiderstange aussieht – perfekt. Das Problem bei dem System war nur: Ein Viertel meiner Kleidung hing nun im Wohnzimmer und hing da erst einmal, bis ich mich für den Rest entschieden habe. Der erste Durchlauf war geschafft. Leider hing da zu viel, also viel zu viel. Mindestens ein Drittel unseres Wohnzimmers war vollgestellt (Willkommen bei Frau Uhlig!). Dann brauchte ich Pause. Ich bin besser geworden mit den Jahren. Auch ruhiger. Gefährlich ruhig. Die Ruhe vor dem Sturm. Egal, wann wir am nächsten Tag abreisten, die Nacht davor wurde zur Zerreißprobe für die ganze Familie. Um zweiundzwan-

zig Uhr lobte mich Herr Karl noch, dass ich dieses Mal ganz ohne große Blessuren gepackt hatte. Da fuhr ich ihm das erste Mal über den Mund, dass ich erst bei der Kosmetik war. Um dreiundzwanzig Uhr kündigte er schon mal vorsichtig an, dass er gleich ins Bett gehen würde. Ich schmiss das erste Mal die Nerven weg, das Kosmetikproblem war nach wie vor ungelöst – wie schon am Vorabend und den Abend davor.
»Uhlig, ich habe keine Lust mehr auf diesen Quatsch!«
»Du bist mir keine Hilfe, Karl!«
»Dir kann man nicht helfen, Uhlig!«
»Weil du's nicht versuchst!«
»Wenn ich es versuche, passt es dir nicht.«
»Diesmal fahren wir nicht nach Thailand, Karl!«
Thailand, die Erinnerung daran ist ein Albtraum, was meine Garderobe betraf. Ich konnte ja nicht wie damals mit drei Schlüppis, zwei T-Shirts, einer langen und einer kurzen Hose nach Mallorca reisen. Wahnsinn, wenn ich an den Rucksackurlaub in Thailand denke. Der Kleine war knapp aus den Windeln und der Große noch keine fünf. Man würde ja meinen, Rucksacktouristen wären unkomplizierte Freigeister, die mal eben etwas in den Rucksack stopften und losgingen. Für mich bedeutet diese Art zu reisen doppelten Stress. Der Rücken hatte sich verändert, also musste ein neuer Rucksack her. Das Packvolumen ist beim Rucksack äußerst begrenzt und eingeschränkt. In unserem Fall besonders, denn ich ließ mich nicht davon abhalten, einen Rettungsrucksack zu packen mit zwei Kinderpanikrettungswesten, die meine Kinder vor dem Ertrinken bewahren würden, zwei Moskitonetzen für Expeditionen im Urwald, einer Reiseapotheke sowie deren Kühltasche, damit die Medika-

mente, falls es keine Aircondition gab, nicht kippten und dahinschmelzen konnten.
Ja, ich wurde belächelt. Aber spätestens auf dem Weg zur Insel, und Insel impliziert eine Bootsfahrt, behielt ich recht. Wir saßen eingequetscht in einer Nussschale, angetrieben von zwei 450-Yamaha-Außenbordmotoren, bei wirklich hohem Seegang. Das war ein Erlebnis. Der Thai bretterte dahin, und jeder von uns hatte ein Kind fest im Griff umschlungen. Auf Geheiß eines Passagiers das Tempo zu drosseln, wurde in radebrechendem Englisch erklärt: »Dann wir untergehen.« Ich musste meine Fantasie wirklich zügeln. Dass Kinder, die nicht schwimmen können, wie Steine im Wasser … und so weiter und so weiter. Pfui, Gedanken weg. *Fuku schallallaawawa*. Panikrettungswesten, nie wieder ohne! Ich würde sie zu Fuß um die ganze Welt tragen, wenn am Schluss für meine Kinder und mich eine kleine Bootsfahrt anstehen würde.
Also war der eine Rucksack schon voll, der Panikrucksack. Für den anderen hatte ich Wochen zugebracht, die Sachen zurechtzulegen. Die Dinge, die man einpackte und mitschleppen musste, wurden dreimal überdacht. Klartext: Ich räumte ein Zimmer frei, um darin schon Wochen vorher die möglichen Dinge, die ich mitnehmen wollte, offen auszubreiten, damit ich sie jederzeit anschauen und überdenken konnte. Ich war nicht allein. Freundinnen wurden eingeladen und um Rat befragt und halfen mit bestem Wissen und Gewissen, die Sachen für die Reise rauszulegen. Zwei Tage vor der Abreise saß ich völlig verzweifelt vor meinem Kleiderberg für Thailand. Da kam Herr Karl endlich vom Dreh nach Hause und erfasste die Lage mit einem Blick.
»Seid ihr völlig verrückt geworden?«

Er stand vor meinem Kleiderhaufen und fischte einen gelb-orangen Spitzen-BH hervor.
»Uhlig, was ist das alles?«
»Den brauche ich für das ausgeschnittene Tanktop mit dem Löwenkopf. Weißt du, Karl, dieses in Orange.«
»Und das hier, Uhlig? Darin hab ich dich noch nie gesehen!«
Er hielt eine durchsichtige, bunt bedruckte Tunika mit Fransen hoch.
»Das brauche ich, wenn ich aus dem Wasser komme, über dem Bikini.«
»Du hast doch gar keinen Bikini, Uhlig.«
»Eben, Karl. Eben.«
Er sah mich scharf an, aber diese Logik machte ihn kurz sprachlos. Dann zog er eine weiße Leinenhose hervor.
»Und die hier?«
»Falls wir abends mal ausgehen, Karl.«
»Gleichzeitig, Uhlig?«
»Natürlich, Karl. Wir, mit unseren zwei Kindern.«
»Ah, verstehe! Und dazu kombinierst du wahrscheinlich das hier.«
Er zog ein Etwas in Seide hervor, irgendetwas zwischen Tunika, Bluse und T-Shirt.
»Vermutlich. Es gäbe aber dazu auch noch eine andere Idee, Karl.«
»Uuhliig?!«
»Was denn, Karl?«
»Das hast du jetzt die ganzen Wochen gemacht?«
»Das hab ich, Karl. Ich war sehr bemüht, das Richtige herauszulegen und diesmal gut und frühzeitig zu packen. Und ich muss sagen, jetzt bin ich für alle Eventualitäten gewappnet. Fast. Denn mir fehlt noch …«

Hilfe suchend schaute ich zu meinen Freundinnen. Aber das Phänomen ist, wenn Herr Karl auftaucht, ändert sich die Lage komplett.
Kein Wort geben sie mehr von sich, halten die Blicke gesenkt und nicken ihm zu. Vermutlich, weil Herr Karl aus der KuK-Zeit zu stammen scheint und ihn eine königlich-kaiserliche Aura umgibt. Anders ist es überhaupt nicht zu erklären, warum in der Sekunde, in der er den Raum betritt, sich die Meinungen von Menschen ändern und ihm beigepflichtet wird. Meine Freundinnen fanden doch bis jetzt alles wunderbar und wohldurchdacht. Dass sie möglicherweise schon längst aufgegeben hatten, mir die Sachen auszureden, weil ich dann wieder einen Nervenzusammenbruch erleiden könnte, darüber will ich jetzt nicht nachdenken.
»Uhlig, du reist nicht mit zwei Oversize-Koffern alleine! Wir haben einen Rucksack zu viert, da du den zweiten zum Panik- und Erste-Hilfe-Rucksack erklärt hast. Die Kinder können keinen weiteren tragen, die sind zwei und vier!«
»Aber es müsste sich alles ausgehen! Wirklich, Karl!«
»Uhlig, ich bin nicht gewillt, diese völlig absurden und unpraktischen Klamotten durch Thailand zu schleppen. Du willst doch nicht allen Ernstes eine weiße Leinenhose durch Thailand tragen?«
»Ich will sie nicht *durch* Thailand tragen, ich will sie *in* Thailand tragen! Das ist meine Lieblingshose, Karl.«
»Seit wann?«
Schweigen.
»So, Uhlig, ich diskutier da auch jetzt gar nicht mehr. Ich sag dir jetzt, was du mitnimmst, und damit Schluss.«
Und somit war ich mit der minimalistischsten Reiseaus-

stattung ever aufgebrochen. Sonst nehme ich schon für eine Übernachtung mehr mit.
Aber nun flogen wir nach Malle mit Koffern und nicht nach Thailand mit Rucksäcken. Fünf Koffer und drei Taschen wollten vor der Abreise verstaut werden. Herr Karl bekam die Krise, was ich gar nicht verstand, denn wir haben doch einen Multivan.

Frau Uhlig und der Weg ins Glück

Der Flug war unproblematisch, abgesehen von den Luftlöchern und dem Unwetter. Aber Herr Karl, ganz Retter in der Not, versuchte uns mit Informationen über Mallorca abzulenken. Ich hatte Herrn Karl einen Reiseführer für den Urlaub geschenkt, damit er die Vorzüge der Insel kennenlernen konnte. Für seine Laune war es immer hilfreich, wenn er Informationen hatte.
»Mallorca, auch Malle genannt, Deutschlands siebzehntes Bundesland und Lieblingsinsel der Deutschen.« Wissentlich schaute er mich an. »Nach der Nordsee ein gern gewähltes deutsches Urlaubsziel. Nicht wahr, Uhlig?«
»Das steht da nicht, Karl.«
Ich schaute ihn scharf von der Seite an. Und damit war die erste Windbö überstanden.
»Interessant, Karl, dass der Flughafen Salzburg, ein österreichischer Flughafen, Mallorca täglich anfliegt. Somit ist es also eine Lieblingsinsel der Deutschen und der Österreicher.«
»Nein, Uhlig, der Österreicher fliegt nur dem Deutschen hinterher.«
»Ist das eine versteckte Liebeserklärung, Karl?«
»Nimm es, wie du es willst, Uhlig. Darf ich jetzt bitte weiter vorlesen?«
»Papa, dürfen wir das Handy zum Spielen haben?«, fragte der Große.
»Nein, ihr hört dem Papa jetzt zu, damit ihr nicht mit

bösem Halbwissen sterbt«, antwortete Herr Karl. Ein Luftloch ließ uns wieder tiefer fallen.
»Danke für die Mitarbeit, Karl.«
»Immer wieder gern, Uhlig. Also, Mallorca: gehört zu Spanien, größte Baleareninsel, Hauptstadt Palma, siebtgrößte Mittelmeerinsel. Die Besiedlung der Insel beginnt weit vor Christi Geburt. Nur so viel: Unter der 588 Jahre währenden römischen Herrschaft erlebte Mallorca seine erste Blütezeit. Aber das führt jetzt zu weit.«
»Das finde ich auch, Karl.« Nun schaute Herr Karl mich scharf von der Seite an. »Trotz des Desinteresses eurer Mutter möchte ich zu der Blütezeit noch sagen …«, fuhr Herr Karl unbeirrt fort. »Warum müssen wir mit halbem Wissen sterben?«, fragte der Kleine, in dessen Kopf die Aussage Herrn Karls anscheinend immer noch arbeitete. Bevor überhaupt jemand antworten konnte, warf der Große ein: »Papa, ich muss mal.«
»Das geht jetzt nicht, die Anschnallzeichen sind an«, antwortete ich meinem Großen, und wieder erfasste uns ein Luftloch. Himmel, bald musste wohl keiner mehr aufs Klo gehen, wenn das hier so weiterging. Mein Kleiner hatte gar nicht so unrecht mit seiner Angst. Herr Karl ging stoisch darüber hinweg. »Nach der Reichsstellung im Jahr 395 gehörte Mallorca mit den Balearen zum Weströmischen Reich, das unter dem Druck der germanischen Völkerwanderung langsam zerfiel. Schon 426 plünderten und zerstörten die Vandalen unter ihrem König Geiserich …«
»Karl, Schluss jetzt. Ich muss mich auf den Flug konzentrieren.«
»Konzentrier dich lieber auf das Wesentliche, damit du weißt, wo wir hinfliegen. Anscheinend hast du keine Ah-

nung, aber Hauptsache Urlaub, egal wo. Mallorca ist nämlich nicht nur Ballermann und Partymeile, sondern hat noch sehr viel mehr zu bieten, und ich würde mich freuen, mit euch ein paar schöne und wichtige Sachen zu besichtigen, damit der Urlaub mehr als all-inclusive zu bieten hat. Nicht wahr, Uhlig?«

»Wenn wir da heil ankommen, Karl.«

»Wieso kommen wir da nicht heil an, Mama?«, fragte nun auch der Große.

»Weil wir mit halbem Wissen sterben müssen«, antwortete der Kleine.

»Niemand stirbt hier. Wer sagt denn so was? So, jetzt schaut her ihr beiden und hört mir zu.« Herr Karl lenkte schnell die Aufmerksamkeit unserer Buben auf die Geschichte, um von einer nahenden Panik abzulenken. Damit war ja schließlich keinem geholfen. »Hört ihr, das ist spannend: 859 wurden die Balearen von einer Flotte der Wikinger angelaufen und geplündert.« Jetzt waren die Buben ganz Ohr. Vergessen waren die Furcht, mit Halbwissen zu sterben, und mein dummer Satz: »Wenn wir da heil ankommen.« Aber Herr Karl hatte mich auch wieder gereizt mit seinen unqualifizierten Sticheleien. Ich atmete tief durch, schloss die Augen und lehnte mich in meinem Sitz zurück. Sollte Herr Karl doch den restlichen Flug alleine bestreiten. Ich konzentrierte mich von nun an ausschließlich auf mich, denn die Turbulenzen setzten mir doch unerwartet schwer zu. Flugangst gehörte bis dato eigentlich noch nicht zu meinen Ängsten … Wie durch einen Wattebausch hörte ich, wie Herr Karl den Kindern weiter vorlas. »Die Wikinger hatten gar nicht vor, Mallorca dauerhaft zu erobern …«

»Wieso nicht, Papa?«, hörte ich noch aus weiter Ferne

meinen Kleinen fragen. Ich erhielt nie eine Antwort auf diese wichtige Frage, denn ich schlummerte ein.
»Sind Sie angeschnallt? Hallo Sie? Sind Sie angeschnallt?« Unsanft wurde ich aus dem Schlaf gerüttelt. Diese wahnsinnig attraktive, zaundürre Stewardess, die vorhin schon meinem Mann schöne Augen gemacht hatte, stand wie ein Racheengel über mir. Ich hasse diese dünnen Stewardess-Gazellen, die so leichtfüßig durch den Gang des Flugzeugs tänzeln, während ich mich wie eine behäbige Robbe an den Stuhllehnen festkrallen muss, um das Gleichgewicht nicht zu verlieren. Wie ich das liebe … Ich wollte eigentlich gerade einen dummen Scherz über unsere Figuren machen, die nun gegensätzlicher nicht sein konnten, um die Situation etwas zu entspannen. Denn wie sagte meine Oma immer so schön: »Man muss sich früh entscheiden zwischen Kuh oder Zicke.« Da drehte sie sich von meinem Gangplatz der linken Reihe weg zur rechten rüber, wo Herr Karl mit unseren beiden Buben saß. Gut, ich konnte den Scherz ja später machen, wer weiß, ob sie ihn so lustig gefunden hätte.
»Oh, wie süß«, hörte ich sie fiepen, »lassen Sie die beiden Süßen ruhig schlafen. Halten Sie sie nur schön fest bei der Landung, da unser Flug heute ja leicht turbulent ist. Waren Sie schon einmal auf Mallorca?« Flirtete die da etwa mit Herrn Karl? Nun war mir schlagartig gar nicht mehr zum Scherzen zumute. Der dürren Ziege dreh ich gleich den Hals um, fuhr es mir durch den Kopf. Ich musste sie ablenken. »Hallo, Fräulein! Haben Sie bitte noch eine Cola für mich?« Miss Superschlank-und-supersexy drehte mir den Kopf zu, ohne mich eines Blickes zu würdigen. »Nein, wir landen gleich. Außerdem bin ich gerade in einem Gespräch. Ich bitte Sie, Ihren Gurt

fester zu ziehen und sich auf die Landung zu konzentrieren.« Sie wandte sich wieder meinem Liebhaber-Freund und Vater der Kinder zu. Das ist doch unfassbar, ich muss wohl härtere Geschütze auffahren. Schon wieder hörte ich das Fräulein Stewardess vergnügt quieken, Herr Karl schien einen Scherz gemacht zu haben, das machte er gern. ›Sie‹, fuhr ich in Gedanken die Gazelle an, ›Finger weg von meinem Mann, sonst drehe ich Ihnen nicht nur Ihren superschlanken Hals um, sondern stopf und teer Sie auch noch.‹ Nein, das wäre doch zu hart, und während ich noch über den richtigen Einsatz meiner Person sinnierte, hörte ich, wie sich die Stewardess schon von Herrn Karl verabschiedete. Manche Menschen kommen halt immer zu spät, resignierte ich. Ich hörte sie nur noch zu Herrn Karl sagen: »Ich muss jetzt zu meinem Sitz, aber wir können später noch darüber sprechen.« Und damit stolzierte sie Po wackelnd von dannen.

»Worüber sprechen wir denn später, Karl?«

»Bist du wieder bei uns, Uhlig?«

»Ich war nie weg, Karl.«

»Die nette Stewardess hat noch einen Reiseführer für mich, der liegen geblieben ist und der eine viel detailliertere Geschichtsbeschreibung haben soll. In meinem sind einfach zu große Sprünge drin. Das achtzehnte Jahrhundert streift er überhaupt nur sehr kurz und landet gleich im zwanzigsten Jahrhundert, als die Insel autonomes Territorium wurde.«

»Ach so, ich dachte schon, sie hätte dir schöne Augen …«

»Uhlig, was du immer denkst. Außerdem bin ich doch schon viel zu alt für so einen jungen Hüpfer. Ich könnte ihr Vater sein.« Ich spürte einen starken Aufprall und wurde in meinem Gurt nach vorne geschleudert. Hilfe! Wir landeten unsanft auf dem Boden der Tatsachen. Das war aber auch ein Heißsporn, der Kapitän. Aber egal. Der Flug war überstanden. Herr Karl befand sich im Glück wegen seines neuen Reiseführers, der noch viel detaillierter zu sein schien. Und auch ich musste im Stillen der Stewardess Abbitte leisten, als sie sich zu mir wandte und mir versicherte, welch bezaubernde Kinder wir beide gemeinsam hatten. Und damit steckte sie mir augenzwinkernd drei Schokoladeherzen zu. Jetzt konnte der Urlaub beginnen. Schnell noch das Leihauto abholen …

Alle auf Malle

Herr Karl stieg nicht aus, als wir beim Hotel ankamen. »Nein wirklich, Hase, das machst du ganz super allein. Bestimmt, ich kenn dich. Ich bleib mit den Kindern einfach hier sitzen. Schau, sie sind doch eingeschlafen, und du gehst rein, und wenn du dann das passende Zimmer gefunden hast, holst du uns, und wir freuen uns.«
»Aber das ist doch Quatsch. Du kommst jetzt mit. Ich will da nicht alleine rein.«
»Nein, ganz sicher nicht, Uhlig. Ganz sicher bleibe ich jetzt im Auto bei unseren schlafenden Kindern sitzen.«
»Bin ich jetzt schuld, dass sie eingeschlafen sind, oder was?«
»Nein, niemand ist schuld. Sie sind einfach nur eingeschlafen. Schau, Uhlig, du hast die Chance, ganz entspannt ohne mich und unsere Kinder da hineinzugehen in diesen Riesenbunker und das passende Zimmer für uns auszuwählen. Ich kenn dich ja. Dafür brauchst du Zeit. Und du weißt, ich verliere dabei die Nerven und die Kinder auch. Deshalb nutze doch die Gunst der Stunde. Ich bin dir auch wirklich nicht bös und nicht genervt, ich bleib einfach ganz entspannt hier und telefonier mit Klaus.«
Auch vor unserem Urlaub machte Klaus nicht halt. Dem war nichts mehr hinzuzufügen, und so stapfte ich allein auf den Hotelbunker zu.
Er hatte auch etwas gut bei mir. Natürlich lief bei der

Autovermietung nicht alles glatt, war ja klar. Zu Hause dachte ich noch, ich spare, wenn ich das Auto nicht im Reisebüro für die ganze Zeit buche, sondern, Schlaufuchs wie ich bin, vor Ort in Malle zuschlage. Und das war der Fehler. Weil, »vor Ort in Malle zuschlagen« heißt, aufs Auto Zuschlag zahlen. Da nehmen sie es von den Lebenden. Denn nun war man ja darauf angewiesen. Da standen wir also am Serviceschalter, mit den fünf Koffern und drei Taschen, den verhungerten Kindern und brauchten Hilfe. Die Autoklasse, die wir uns ausgewählt hatten, war leider schon vergriffen. Die hätte man frühzeitig von Deutschland aus buchen müssen, denn gerade in dieser Woche war großer Andrang auf Malle. Verblieb also genau die Autoklasse, die am meisten geklaut wurde. Gut, dachte ich, Klauen auf einer Insel macht nicht wirklich viel Sinn, aber jetzt hier einen Streit vom Zaun zu brechen auch nicht. Gerne war ich bereit, den Diebstahlzuschlag auch noch zu bezahlen, alles, ich wollte nur endlich vom Flughafen wegkommen.
»Dreihundert Euro über Budget. Bitte, Karl, bitte, sag nichts, darüber sprechen wir später am Pool, entspannt.«
Herr Karl lächelte nur, die Informationen über die Trauminsel Mallorca und deren ungeahnte Schätze hatten ihn milde gestimmt, und so sagte er nichts zu meiner Automisere. War auch besser so.

Eine leichte Meerbrise erfasste mich, und mein Herz erfüllte sich mit Vorfreude. Flugs war vergessen, dass wir uns auf dem Weg hierher viermal verfahren hatten, zweimal die Nerven blank lagen und es infolgedessen kurz lauter wurde, währenddessen die Kinder beim Passieren eines großen Ms nach einer Juniortüte brüllten, was ein weiteres heftiges Wortgefecht zwischen mir und dem Herrn Karl auslöste, der sich schon so auf die mallorquinische Küche freute, ich aber ganz auf Sparkurs auf die *Vollpensionsküche in unserem Hotel* hoffte – kann nur sagen all-inclusive.

Frau Uhlig findet sich zurecht

Ich fand mich wieder in einem riesigen Eingangsbereich, wo Wegweiser angebracht waren. Alles erinnerte mich an eine Wartehalle im Bahnhof. Wo war denn nur die Rezeption? Als ich sie endlich fand, stellte ich mich in zweiter Position an. Vor mir mokierte sich ein Ehepaar darüber, dass im Kinderpool immer Kacka schwamm. Was die beiden im Kinderpool zu suchen hatten, blieb offen. Später sollte ich erfahren, dass es der einzige beheizte Flecken in der Außenpoolanlage war. Ich war sehr erleichtert, denn zumindest schien man mit der Sprache Deutsch weiterzukommen. Unruhig tänzelte ich von einem Bein aufs andere hin und her. Irgendwie musste ich mich bemerkbar machen: »'tschuldigung, ich möchte ja nicht das Gespräch stören, aber hätten Sie vielleicht noch jemanden an der Rezeption? Also ich meine, können Sie noch 'ne zweite Kasse öffnen?«, lachte ich unbeholfen. Doofer Scherz, wirklich saudoof. Was war denn in mich gefahren? »'tschuldigung, sind Sie nicht die Schauspielerin?« Ich drehte mich um. »Sind Sie nicht die, die? Oh mein Gott! Erwin, schau doch mal, die, die so nett ist. Die so ein bisschen fester ist. Weißt du, wie ich«, sie knuffte mich in die Seite. »Jetzt mach doch mal ein Foto von uns. Machen Sie Urlaub mit Ihrer Familie hier? Das ist ja nett. Erwin, was? Wer hätte das gedacht. Ist Ihr Mann auch da? Ah, den mag ich ja so gern. Meinen Sie, ich krieg von dem auch ein Foto? Erwin, was sagst, der

Mann ist auch da. Bestimmt. Weißt, dieser Attraktive, weißte, der tolle Charakterschauspieler. Und Sie sind halt so wie ich.« Zack, wieder ein Knuff in meine Seite. »Jemand zum Anfassen, an dem was dran ist, den man so mag. So sympathisch, das hab ich gleich gesehen. Wo ist denn Ihr Mann?«
»Sind wir hier bei *Versteckte Kamera?*«, hörte ich eine wohlklingende Männerstimme von hinten. Zack, mein Kopf fuhr herum und nicht nur meiner. Die Frau und besagter Erwin starrten mit mir den Herrn an, der uns breit angrinste.
»Das gibt's ja nicht. Wie nett. Sie haben doch diese Serie mit meinem Lieblingsschauspieler gedreht. Dieser blonde große Hüne …«, sagte der Mann strahlend.
»Sie meinen Henning Baum«, antwortete ich.
»Oh mein Gott, der ist ja so toll.« Der Herr vor mir bekam leichte rote Flecken und ein verschmitztes Grinsen.
»Wie hieß die Serie noch gleich?«, fragte er mich.
»Mit Herz und Handschellen«, antwortete ich.
»Ha, oh mein Gott, Erwin. Mit dem hat sie auch gedreht!«
Mein Kopf schnellte wieder zur anderen Seite. Interessant, dass Herr Baum bei Frauen und Männern die gleiche Reaktion hervorrief. »Jetzt darf ich mich vorstellen«, machte der unbekannte Herr auf sich aufmerksam. Wieder drehte sich mein Kopf. Aufpassen, Uhlig, keine zu schnellen und ruckartigen Bewegungen machen, sonst verrenkst du dir wieder den Hals! Nicht, dass ich mir den Hals öfter verrenken würde, doch hin und wieder ist es schon vorgekommen. Weil ich so einen schlanken Hals habe. Der Hals ist die Schwachstelle des Menschen, sagte meine Oma immer, Gott hab sie selig. Pass auf, dass du

dir nicht den Hals verdrehst oder verrenkst. Vermutlich habe man später vom Hals auf den Kopf geschlossen, so die Theorie meiner Oma, die davon überzeugt war, dass man mit der Redewendung »Er hat dir den Kopf verdreht« eigentlich den Hals meinte. Genial! Wie klug meine Oma war. Die Ursache liegt ganz klar im Hals, das Symptom ist der Kopf. So wie bei einem Schnupfen, da ist die laufende Nase nur das Symptom, nicht die Krankheit. Es gibt ja keine Krankheit »Laufende Nase«. Kein Wunder, dass meine Oma das wusste, sie war hervorragende Allgemeinmedizinerin, und wie ich finde in dritter Generation Arzt. Meine Oma war eigentlich Ärztin in erster Generation, aber ihr Mann, Gott hab auch diesen selig, war in dritter Generation Arzt. Und da meine Oma mit ihm verheiratet war, hatte sie auch die dritte Generation angenommen, quasi erworben, sie stieg auf im Ranking. Wie dem auch sei, Fakt ist, ich bin keine Ärztin, aber wenn ich eine wäre, wäre ich das schon in vierter Generation, meine Mutter war nämlich auch keine Ärztin. Aber deshalb kenne ich mich auch so wahnsinnig gut aus, und eine Halsverdrehung kann wochenlange Schmerzen nach sich ziehen, der ganze Urlaub würde ins Wasser fallen.

»Hubertus von Haltermeier, TUI- und VIP-Beauftragter des Grand-Maritime Mallorca, dem größten Kinder-, Spiel- und Spaßparadies hier auf dieser Insel.« Ich schreckte aus meinen medizinischen Gedanken hoch. »Kommen Sie doch zu mir in den ersten Stock, wann immer Sie etwas brauchen«, bot mir der braun gebrannte, wirklich gut aussehende, nette Mitvierziger mit der wohlklingenden Stimme an.

»Wann kommt denn der Fritz Karl?«, unterbrach ihn

wieder die ehrenwerte Dame. Ah, nun war ihr also wenigstens der Name von Herrn Karl eingefallen, dachte ich. Ich brauchte einen Plan, so konnte das nicht weitergehen. Als Erstes musste ich dieses Ehepaar loswerden.
»Hören Sie, Frau, Frau …«
»Elena, nenn mich einfach Elfi. Ich darf doch du sagen, oder? Bin ja die Ältere, oder?« Oh, sie kannte doch meinen Namen. Ich war versöhnt. »Und wir kennen uns ja schon so lange«, fuhr die Frau weiter fort, »hast du nicht auch bei diesem Film gespielt, wo du das dicke Mädchen warst? Erwin, wie hieß die noch, die die Mutter gespielt hat? Diese, die früher mal bei der Feuerzangenbowle mitgespielt hat. Quatsch, Quatsch, Erwin, hilf mir doch mal. So ein Quatsch, wa?« Sie knuffte mich wieder in die Seite. »Feuerzangenbowle? Wie komm ich denn auf so was? Ach, wahrscheinlich durch die Hitze. Aber es ist natürlich *Die flambierte Frau*. Wie hieß sie denn noch mal? Die war ja ein fescher Feger früher!«
»Landgrebe, Gudrun Landgrebe«, murmelte ich.
»Richtig, die Landgrebe. Macht die noch was? Von der hört man ja eigentlich gar nichts mehr. Stimmt's, Erwin? Du hast sie doch auch so gern gesehen.«
»Sag mal, Elfi«, warf ich ein, »ich darf doch jetzt Elfi sagen, oder? Also, Elfi, willst du dich nicht da vorne mit Erwin in den Eingang setzen? Ich hol später den Herrn Karl rein, dann kannst du ein schönes Foto mit ihm machen, da freut er sich. Nur wäre es toll, wenn du nicht die Kinder fotografierst. Nicht, dass ich das erwarten würde, Elfi. Aber die Kinder halte ich gerne aus allem raus.«
»Nee, Elena, was du denkst, so was musst du mir wirklich nicht sagen. Ich bin bei so was ganz diskret. Stimmt's, Erwin? Aber so toll, dass du hier so natürlich erscheinst.

Ungeschminkt, einfach so. Ich wusste gleich, dass wir aus demselben Holz geschnitzt sind. Komm, Elena, jetzt lass dich mal drücken.« Sie zog mich an ihren Busen, sie hatte bestimmt noch eine Körbchengröße mehr als ich, und er roch nach Nivea-Sonnenmilch.
»Also dann, Erwin und ich warten in der Halle auf euch. Ganz diskret.« Und damit zogen sie sich zurück.
»Entschuldigung«, ich drehte mich wieder zum TUI-Beauftragten, »gerne nehme ich das Angebot an und komme zu Ihnen in den ersten Stock.« Wir beide hatten sofort eine Wellenlänge, so etwas spürte ich. Also plapperte ich drauflos, ohne Rücksicht auf Verluste.
»Sie kennen sich doch hier aus. Können Sie mir vielleicht behilflich sein mit der Zimmerwahl? Ich hab eh, glaube ich, die teuerste Variante gebucht. Zwei Zimmer mit einer Verbindungstür und Meerblick. Oder war es ein Appartement mit zwei Zimmern und Meerblick? Sie müssen nämlich wissen, bei den Zimmern bin ich schwierig. Also nicht schwierig im Sinne von schwierig, sondern ängstlich. Es könnte ja jemand über den Balkon steigen, falls davor ein Flachdach ist. Sie können es sich vielleicht schon denken, aber ein Zimmer im Erdgeschoss geht gar nicht. Wichtig ist mir auch, dass man nicht von einem Balkon auf den anderen steigen kann. Ich will keinen durchgehenden Balkon. Auch Eckbalkone finde ich schwierig, das letzte Zimmer in einer dunklen Ecke … Das muss nicht sein. Wenn da nichts mehr kommt nach der Ecke, gruselig!«

Frau Uhlig übernachtet im Hotel

Hubertus von Haltermeier hörte mir geduldig zu, nickte dann und wann und grinste. Ich erzählte also weiter – von meinen Ängsten, dem Herrn Karl und was wir alles in Hotels schon erlebt hatten. Als Schauspieler waren wir viel unterwegs, und deshalb war es mir so wichtig, dass wir uns heimisch fühlten, da das Hotel größtenteils das Zuhause ersetzen musste. Die Schauspielerei hat mich viel zu früh entwurzelt. Mit neunzehn bin ich weg von Düsseldorf, meiner Heimat, ins 650 Kilometer entfernte Ulm. (Ich kann nur sagen: in Ulm und um Ulm herum.) Danach noch mal kurz zurück nach Düsseldorf, und von da zog ich nach Berlin, von Neukölln nach Friedrichshain, von Friedrichshain nach Charlottenburg und dann von Berlin nach Wien in den sechsten Bezirk. Vom sechsten in den achten, vom achten zurück nach Deutschland, München, Schwabing-Mitte. Von Schwabing-Mitte nach Schwabing-West und wieder auf nach Österreich, diesmal an den See und vom See, man höre und staune, zurück nach Düsseldorf. Die Drehorte und die damit verbundenen Hotels, die mich in diesen Jahren begleiteten, kann ich nicht mehr alle aufzählen, aber sie haben mich alle geprägt. Ein Hotelzimmer muss für mich ein Rückzugsort sein können, meine Höhle, in der ich mich sicher fühle, in den besten Fällen wird das Personal zur Familie. Wenn ich vom Dreh kom-

me und noch einen kleinen Schwatz am Empfang führen, die Weckzeit besprechen und über das Leben philosophieren kann, fühle ich mich heimisch.
Ich erwähnte auch, dass das Zimmer nicht in der Nähe von Fahrstühlen liegen sollte. Ich persönlich hab kein Problem mit Fahrstühlen, ich mag die ganz gern. Da hab ich das Gefühl, nicht ganz alleine zu sein. Ich erzählte dem Herrn von und zu, dass ich vor einiger Zeit bei »Volle Kanne« eingeladen und im Hilton untergebracht war. Es musste das Hilton gewesen sein, ach Gott, aber ich konnte nicht googeln, weil ich noch gar kein Datenvolumen gebucht hatte. Am Flughafen wollte ich mir eigentlich eine Karte kaufen, aber da hatten mich das Mietauto und die verhungerten Kinder so in Beschlag genommen, dass ich das glatt vergessen hatte.
Ich fragte Hubertus von Haltermeier, ob es hier im Hotel WLAN gab, zumindest hatte man mir dieses damals im Reisebüro versichert. Während er noch bejahend nickte, fiel es mir ein, ja, es war das Hilton, ganz sicher. Ich kam damals sehr spät an und war dementsprechend müde. Man empfing mich gleich, wusste meinen Namen und lächelte mich freundlich an. Man überreichte mir meine Zimmerkarte, und als ich in meinen Stock fuhr, sah ich nur noch einen Riesengang vor mir, an dessen Ende sich eine geschlossene Doppeltür befand. Ich vermutete, dass man hier den Flur unterteilt hatte. Vergeblich suchte ich meine Zimmernummer, bis mir klar wurde, dass es sich hinter der Doppeltür verstecken musste. Was dahinter lag, konnte nur ein Scherz sein: Ich befand mich in der größten Suite, in der ich bis dato gewesen war. Im ersten Zimmer, in das ich hineinstolperte, befand sich ein Badezimmer von der Größe eines normalen Hotelzimmers

mit einer großen runden schwarzen Badewanne, Pardon, einem Whirlpool. Es gab einen Konferenzraum, man hätte auch Saal dazu sagen können. Das Schlafzimmer hatte ein Riesenbett und einen Blick auf die Skyline von Düsseldorf. Es kamen noch Ankleidezimmer, Gästezimmer, Kinderzimmer, Zimmer für die Nanny, eigene Küche dazu.

Panisch lief ich zur Rezeption zurück und fragte, was das für ein Zimmer sei, ein Fehler musste ihnen unterlaufen sein. Die Herrschaften an der Rezeption sagten daraufhin, sie seien diese Nacht so ausgebucht, da wollte man mir einen Gefallen tun und mich in der Präsidentensuite unterbringen. »Nein, das ist ja wirklich wahnsinnig nett von Ihnen. Aber da mache ich kein Auge zu, da bekomme ich Panikattacken! Ich schlafe da keine Nacht. Wenn ich mit dem Herrn Karl hier wäre, dann würde ich das gerne annehmen. Aber so alleine ist das nichts für mich. Bitte, ich brauche ein anderes Zimmer.«

»Aber wir hätten da nur noch ein ganz kleines Zimmer direkt neben dem Aufzug«, sagte die nette, aber hilflos wirkende Rezeptionistin.

Herrlich habe ich geschlafen. Das einzige Problem war, dass sie wohl eingetragen haben müssen, dass wir dieses extrakleine Einzelzimmer wünschen, wenn wir getrennt reisen. Und so kam es, dass Herr Karl beim nächsten »Volle Kanne«-Besuch auch in dieses Zimmer gesteckt wurde und eine Horrornacht hatte. Und hier schloss sich der Kreis für Hubertus von Haltermeier: ich Aufzug ja, er nein. Danach fragte ich nach Zimmern, die möglichst weit entfernt von den Restaurants und der Disco lagen. »Außerdem brauche ich Kissen, ich schlafe nämlich mit fünf. Eins unterm Kopf, eins auf jeder Seite für den Arm, eins im Arm und eins zwischen den Knien, damit die nicht aufeinanderreiben. Klingt ein bisschen verrückt, ich weiß, aber ich reise sogar noch mit meinem eigenen Kopfkissen. Aber Entschuldigung, dafür sind Sie ja gar nicht zuständig, Herr, Herr von ... Haltermeier, richtig? Nochmals Entschuldigung, ich wirke wahnsinnig schwierig, ich weiß. Aber wem erzähl ich das, Sie wissen ja, wie es läuft. Ich unterhalte mich wahnsinnig gerne mit Ihnen, Herr von Haltermeier, das muss man hier an der Stelle wirklich mal sagen. Bei Ihnen hab ich das Gefühl, sofort gut aufgehoben zu sein.«

»Dolores, holst du mal den Salesmanager von hinten, bitte?«

Und damit wandte er sich zu einer nett dreinblickenden Angestellten, die sich im Hintergrund gehalten hatte.

»Nein, wirklich, das ist wirklich nicht nötig. Bitte, ich bin auch wirklich nicht so schwierig. Jetzt ist es mir peinlich, jetzt schäme ich mich.«

»Nein, es ist alles gut. Ich bin dafür da, dass Sie einen wunderschönen Urlaub erleben«, zwinkerte er mir zu.

»'tschuldigung, sind Sie nicht die Schauspielerin? Ah, sagen Sie mir doch, wo ich Sie hinstecken kann und wo Sie mitgespielt haben.« Wieder wurde ich von der Seite angesprochen. »Ach, egal jetzt«, grinste mich eine Frau unsicher an, »dürfte ich ein kurzes Selfie machen?« Wir standen noch immer in der Nähe der Rezeption. Durch mein Monologisieren hatten wir es blöderweise gar nicht in das Büro von Herrn von Haltermeier im ersten Stock geschafft. Schon wurde ich wieder an eine Körbchengröße gedrückt, die meine um Weites überragte. »Danke, sehr nett von Ihnen, bleiben Sie, wie Sie sind«, und damit zog die Frau plus Selfie davon. In der Zwischenzeit hatte

Herr von Haltermeier den Salesmanager instruiert und Dolores stand mit vier Schlüsseln klimpernd vor meinem Gesicht.

»Danke, Herr von Haltermeier«, sagte ich erleichtert.

»Sagen Sie Hubi zu mir. Und Sie wissen ja, wo Sie mich finden.«

»Ja«, zwinkerte ich ihm zu, »im ersten Stock, wann immer ich etwas brauche.«

Frau Uhlig kann sich nicht entscheiden

All-inclusive, es konnte losgehen! Nach dem Geplänkel mit Hubi musste ich mich aber sputen, denn zu lange würde der Herr Karl auch nicht mehr warten.
Bis ich das richtige Zimmer gefunden hatte, verging dann leider doch noch Zeit. Schließlich war wieder meine Entscheidungskraft gefragt ... Unabhängig von meinen Ängsten muss ich die Zimmer immer auf mich wirken lassen. Eigentlich wusste ich es schon fast sicher, aber dann musste ich doch noch in die 412. Die hatte das größere Bad. Aber die 304 hatte natürlich den viel schöneren Blick. Das große Bad war natürlich schon praktischer, wenn man vom Strand kam und die Kinder sehr sandig waren. Aber was war eigentlich mit der 267? War da das Bad nicht direkt am Eingang? Das wäre doch noch viel praktischer. Natürlich war das Bad hier größer, aber wir würden alle mit den sandigen Füßen durch das Zimmer zum Bad hin laufen, und einen Besen hatte ich hier auch nicht gesehen.
»Dooloores, richtig?«, ich schielte verstohlen auf ihr Namensschild, das sie am Busen befestigt hatte.
»Dollores«, verbesserte sie mich.
»Doolores«, wiederholte ich.
»No! No! Dollores. Dollores«, wiederholte sie.
»Doolores? Dulores? Dolllores? Dollores?«
»Sí! Dollores.« Sie strahlte mich aus voller Brust an. Es

ist mir immer wichtig, Namen richtig auszusprechen.
»Dollores. Gibt es hier einen Besen?«
»Bäsen? Was, Bäsen?«
»So einen Besen, Dollores, zum Fegen.« Umständlich fegte ich mit einem imaginären Besen.
»Bäsen, no!«
»Aber Doolores, es muss doch einen Besen hier geben.«
»No Doolores. Dollores!«, korrigierte sie mich erneut.
»Bäsen, no.«
»Okay, ich habe verstanden, Dollores. No Bäsen.«
»No. No Bäsen.«
»Okay, das scheint sich ja schwieriger zu gestalten als gedacht«, murmelte ich und wandte mich wieder zu Dolores.
»Dollores, dann schau ich mir jetzt noch mal die 315 an. Die hatte, glaube ich, auch ein Bad in der Nähe der Tür und auch einen guten Blick. Die 315 ist das perfekte Zimmer. Schön groß, hat einen super Blick und ist weit entfernt von Fahrstuhl, Disco und Bar, mit einem wunderschönen Bad. Richtig, Dollores?«
»No Bäsen.« Irritiert starrte ich sie an. »Wieso Bäsen, Dollores?«, fragte ich sie. »No Bäsen, no.«
»Richtig, Dollores. Richtig. No Bäsen. Wir brauchen keinen Bäsen mehr. Wir brauchen ein anderes Zimmer. 315. Du verstehen?«
»No verstehen.«
Ich zeigte auf die verschiedenen Schlüssel in ihrer Hand und deutete auf die 315, ein Leuchten ging über ihr Gesicht.
»Ah verstehen. 315. Vamos.«
Wie zwei Verschworene zogen wir durch die Gänge. Als wir bei der 315 ankamen, sahen wir gerade fremde Leute

in dieses Zimmer einziehen. »Oh nein, Dollores! Oh nein! Was ist denn jetzt passiert?«

»Du warten, ich wieder hier kommen, ich sprechen.«

»Nein, Dollores, ich spreche mit.« Wie zwei Komplizinnen nickten wir uns zu und liefen in entgegengesetzte Richtungen. Dollores lief zur Rezeption, ich, zwei Stufen auf einmal nehmend, zu Hubi in den ersten Stock.

»Hubi, um Gottes willen, gut, dass du grad frei bist. Also hör zu: Wir haben uns die 412, die 267, die 304 und die 315 angesehen. Die 315 ist perfekt. Aber jetzt sind da schon andere eingezogen, vor unseren Augen! Ich mein, das verstehe ich nicht. Wieso gibt man uns vier Schlüssel, damit ich unser Zimmer aussuchen kann, und dann ist das eine Zimmer schon weg? Entschuldige bitte, ich kann jetzt nicht mehr«, ich war den Tränen nahe. Wie konnte man mir so übel mitspielen? Ich war völlig verschwitzt, hatte seit Stunden nichts getrunken, und der Herr Karl hockte noch immer mit unseren schlafenden Kindern bei sengender Hitze im Auto draußen vor der Tür. Ich hatte ihm gesagt, dass ich nicht lange brauchen würde. Doch Hubi war der unschlagbar beste VIP-Betreuer, den haute nichts um, nicht mal ich. »Liebe Elena, du holst jetzt als Erstes deine Familie rein, dann geht ihr zum Abendessen. Das fängt nämlich bald an. Danach haben wir ein wunderbares Zimmer für euch.«

»Danke dir, Hubi, danke, das ist wirklich …, ich danke dir.«

Frau Uhlig entert das Büfett

Also, auf zum Herrn Karl. Ich war eine Frau mit Mission, doch mir schwante schon Böses. Die Zeit hatte ich völlig aus den Augen verloren. Schnell huschte ich an Elfi und Erwin vorbei, die tatsächlich noch immer in der Lobby warteten, aber sie waren gottlob in ein Gespräch mit einem anderen Pärchen vertieft. Als ich vor den Eingang trat, stand das Auto da, wie ich es verlassen hatte. Nur war es leer. Oh nein.

Es ist nicht so, dass ich das extra mache. Ich will ja niemanden warten lassen. Aber beim Versuch, es besser zu machen, mache ich es meistens schlechter. Ganz großartig. »Uhlig, wo warst du?« Plötzlich war Herr Karl aus dem Nichts neben mir aufgetaucht. »Wir warten hier seit zwei Stunden in sengender Hitze! Ich hab jetzt schon mit den Buben die Umgebung erkundet.«

»Karl, das erklär ich dir alles nachher. Die Elfi wartet da drinnen.«

»Welche Elfi?«

Hinter mir hörte ich die Schwingtür.

»Der Fritz Karl!«, flötete Elfi schon von Weitem.

»Verstehe.« Herr Karl sah mich vorwurfsvoll an.

»Es tut mir leid«, hauchte ich nur noch.

»Ich liebe dich auch, Uhlig.«

»Herr Karl! Hier, hier sind wir! Dass ich das noch erleben darf. Erwin, schau, der Herr Karl, wie er leibt und lebt. Gertrud, ich hab euch nicht zu viel versprochen. Siehst du, Hans Georg?«

Wie konnte bloß aus einem Fan ein ganzes Grüppchen entstehen, das uns da entgegenstürmte? Elfi war ungefähr 1,60 groß und hatte die Figur eines leckeren Marshmallows. Sie hatte sehr dünne Beine und Arme, da sich bei ihr das meiste auf den Mittelteil konzentrierte. Ihre Haare waren von einer dicken Krause, in der das Grau überwog. Sie hatte freundliche Augen, aber diese Stimme, die ragte wirklich heraus. Ich hatte den Eindruck, alle Oktaven vereinten sich in einer. Sie konnte auf der Klaviatur spielen, wie es ihr gerade beliebte. Ob der Badeanzug mit dem Tigerprint wirklich von Vorteil war, darüber ließ sich streiten. Darüber trug sie Bermudashorts in einer undefinierbaren orangen Farbe, irgendetwas zwischen Apricot und Lachs. Ihre Füße schmückten pinkfarbene Strass-Sandaletten. Elfi schien dem Hotelsafe nicht zu trauen und trug lieber den ganzen Schmuck am Körper. Auch ihr Mann Erwin stand auf Geschmeide, was ich den beiden nicht verübeln konnte, denn auch ich kam in das Alter. Er hatte eine dicke Goldkette um den Hals gehängt, an dessen Ende ein Kreuz prangte. Am linken Ringfinger schnitt ihm ein Siegelring ins Fleisch, am rechten der Ehering, was dem ungewohnten warmen Klima geschuldet sein musste. Erwin trug schöne Bundfaltenshorts und ein kariertes Hemd, das bis auf den letzten Knopf eigentlich offen war. Freiheit für den Bauch, sag ich da nur! Ich würde mich nicht wundern, wenn er am Pool sein Bierglas darauf abstellte. Herr Karl im Übrigen auch nicht, das erkannte ich an seinen Blicken.

Gertrud und Georg waren das krasse Gegenteil. Beide

liefen mit Sicherheit wöchentlich einen Halbmarathon, da wurde mir ganz schlecht bei dem Gedanken Marathon … Sie trugen Outdoor-Hosen, die man am Knie abzippen konnte, dazu Wandersandalen. Das Besondere an ihnen waren die T-Shirts: röhrende Hirsche. Ansonsten hatten beide einen flotten Kurzhaarschnitt und wirkten vom vielen Sport leicht gezeichnet und ausgemergelt. Die beiden Paare passten nicht wirklich zueinander, und doch hatten sie sich gefunden und wirkten so, als hätten sie es lustig miteinander.

Mit großer theatralischer Geste sprach Elfi Gertrud an: »Gertrud, ich hab's dir doch gesagt, dass er's ist! Eh voilà, der Herr Karl, wie er leibt und lebt, mit seinen Kindern und seiner Frau.« Elfi strahlte, ihr obligatorischer Knuff in meine Seite folgte. Interessant, dachte ich, dass man den Herrn Karl nie in die Seite knuffte, ihn auch nicht anfasste oder umarmte, sondern immer in schönem Abstand die Ehrerbietung darlegte. Richtig schön königlich-kaiserlich, ich sag nur KuK.

»Ach Gott«, Elfi klatschte in die Hände, und ich musste umgehend an die Sissi-Filme denken, in denen Magda Schneider immer in die Hände klatschte. »Das ist ja gar nicht Ihre Frau, oder?« Wieder klatschte sie in die Hände. »Verheiratet sind Sie beide ja gar nicht. Ach Gott, warum eigentlich nicht? Wilde Ehe!« Sie begann zu kichern und wandte sich zu Hans-Georg: »Mein Lieber, jetzt kannst du endlich mit dem Herrn Karl über seine letzte Rolle reden und ihm deine Probleme mit dem Mittelteil persönlich darlegen.«

»Elfi!« Wir alle erstarrten. Erwin meldete sich zu Wort. Er hatte einen tiefen Bass.

»Lieber Herr Karl, wir lassen Sie und Ihre Familie erst

mal ankommen und sehen uns vielleicht die Tage auf ein Gläschen an der Bar. Da kann man dann ja alles Wissenswerte auch noch besprechen, falls man möchte. Nicht wahr, Elfi?« Elfi nickte nur beschämt. Sie merkte wohl, dass sie etwas über die Stränge geschlagen hatte. Das Grüppchen trat stumm zur Seite und zog sich zurück.
Wir gingen ebenfalls stumm in unsere Herberge, und ich zeigte Herrn Karl und den Kindern die Rezeptions-Bahnhofshalle. Wir machten uns lustig über die Wegweiser, und ich erzählte vorerst noch nichts von meiner turbulenten Zimmersuche. Doch auf den nächsten Schreck mussten wir nicht lange warten: Vor den Restaurants waren gefühlte und tatsächlich bestimmt achtzig Buggys und Kinderwagen geparkt. Gut eine halbe Stunde nach der Eröffnung des Abendmahls war hier der Run aufs kalte und warme Büfett in vollem Gange. Hier fand eine Abfütterung von Kinderraubtieren statt. Der Traum von schön gedeckten Tischen in herrlichem Ambiente und mit leiser Musik wurde in der Sekunde zerstört, in der wir durch die Schwingtür traten. Eine Akustik wie in einem Wartesaal, gleißend helles Licht aus Neonröhren und Zapfanlagen zur Selbstbedienung für antialkoholische und alkoholische Getränke, inklusive Wein. Herr Karl war fassungslos. Plastikgläser in Hülle und Fülle. Später erfuhren wir, dass es Glasgläser nur auf Bestellung beim Kellner gab.
Herr Karl bahnte sich mutig einen Weg durch die Menge, mit unseren Kindern im Schlepptau, die er fest im Griff hatte, um in die hinterste Ecke zu dem vermutlich letzten freien Tisch zu gelangen, den er mit seinen Adleraugen erspäht hatte. Ich hetzte ihnen hinterher, nach links und rechts den entgegenkommenden Hotelgästen

mit den gefüllten Tellern ausweichend. Jäh wurden wir von einem grimmig dreinschauenden Kellner gestoppt. Er musste der Oberkellner sein, er hatte dieses gewisse Etwas, das an die Autorität eines Lehrers der Fünfzigerjahre erinnerte. Die Haltung steif, kein Lächeln umspielte seine Lippen, Frisur akkurat geschnitten, die auch noch nach einer Zwölfstundenschicht perfekt sitzt, ebenso das Sakko. Die Haltung, die Anmut, die Würde. Unantastbar. Vor allem für uns Normale, für uns, die nur etwas zu essen wünschen. Dieser nicht kultivierte, verhungerte Banause, der den ganzen Tag bräsig in der Sonne lag, ist dem kultivierten Señor Federico Adolfo Fernando, in fünfter Generation Oberkellner, ein schlimmer Dorn im Auge. Und es kommt schon mal vor, dass diese Herren rotsehen. Nicht zu vergessen, dass wir uns im Land des Stierkampfes befanden. In dem Moment, in dem Herr Karl mit den Kindern und mir im Schlepptau zielstrebig auf den besagten letzten freien Tisch im hinteren Eck zusteuerte, wechselte Señor Federico Adolfo Fernando die Seite. War er bis dahin der unantastbare, stolze, würdevolle Torero, so wurde er nun selbst zum Stier und verteidigte seinen letzten Tisch wie sein Leben und griff uns an.

»Dürfte ich die Herrschaften fragen, wo es hingeht?«

Während ich noch dachte, interessant, Señor Federico Adolfo Fernando spricht aber ein perfektes Deutsch, ging Herr Karl zum Gegenangriff über, in gepflegter österreichischer Art: »Sehr gern dürfen Sie das, und außerdem dürfen Sie mir auch die Weinkarte an den Tisch hinter Ihnen bringen.«

»Darf ich fragen, ob Sie überhaupt Gäste unseres Hauses sind?«

»Das sind wir. Unsere Zimmernummer ist, ist … Uhlig?« Uhlig, oh Gott, damit war ich gemeint. Zimmernummer. Wie, was, oh nein, Zimmernummer.

»Uhlig.«

»Ja, gleich, gleich, äh Zimmernummer. Hören Sie, ich kann Ihnen jetzt unsere Zimmernummer nicht genau sagen. Denn wir sind gerade erst angekommen, und es gab ein Problem mit den Zimmern. Das heißt, die Entscheidung, welche Zimmernummer wir letztendlich haben werden, ist noch nicht gefallen. Aber wenn wir Hubi, also ich meine natürlich Hubertus von Haltermeier, den Beauftragten von der TUI …«

»Oh nein, das gibt's doch nicht. Ich glaub es nicht, Frau Uhlig und Herr Karl auf Malle. Bei uns im Hotel. Wenn das meine Mutter spitzkriegt! Dann haben Sie keine Ruhe mehr!« Die Frau am Tisch neben uns lachte. »Ich bin Katharina.« Sie erhob sich und stellte sich zwischen den Stier und seine Opfer. »Fernando, du musst ihnen unbedingt dieses Plätzchen geben«, sagte sie bestimmt zum Oberkellner. Ah, so geht es, dachte ich und schaute Katharina genauer an: mittelgroß, kurze brünette Locken, zwei nette Grübchen in der Wange und in etwa meine Figur. Vor allem wirkte Katharina lustig. Sie wandte sich wieder zu uns und erklärte: »Fernando ist ein echter Schatz. Er bespaßt uns immer hervorragend und bringt mich und meine kleine Prinzessin zum Lachen. Wir fahren jedes Jahr hierher, seitdem das Hotel vor vier Jahren eröffnet wurde. Meine Kleine liebt es so.« Sie deutete auf ihr Mädchen, das vom Alter her genau zwischen unserem Großen und dem Kleinen liegen musste und genauso nett aussah wie ihre Mutter. Der Oberkellner, der bis dato gerade noch im Begriff war, uns hochkant aus dem Restaurant zu werfen, mutierte plötzlich zu einem schnurrenden Kätzchen: »Gern, Katharina.«

»Du bist ein echter Schatz, Fernando.«

Und so trug es sich zu, dass wir diesen wunderbaren letzten Tisch im hintersten Eck ergatterten und Katharina uns mit ihrer Tochter am Nachbartisch Gesellschaft leistete.

»Vielen Dank noch mal, dass Sie uns geholfen haben«, wandte ich mich an Katharina. »Ich glaube, der Kellner hätte uns sonst zum Abendbrot verspeist.«

Sie lachte wieder freundlich. »Hunde, die bellen, beißen nicht.«

»Und Sie sind echt schon das vierte Mal hier?«, fragte ich Katharina, ich war neugierig geworden.

»Ich geh mir kurz was zu trinken holen, Uhlig.« Herr Karl klang leicht genervt. »Anscheinend muss man sich hier selbst bedienen.«

»Ja, leider muss man das hier«, bestätigte Katharina Herrn Karl, »und die Schlacht am Büfett finde ich auch suboptimal«, fuhr sie fort, »aber irgendwie kann ich meinen Mann nicht überreden, in ein anderes Hotel zu gehen, da unsere Prinzessin es so liebt, und ihn stört es auch nicht wirklich, er kommt ja immer nur die letzten zwei Tage und entzieht sich dem Wahnsinn hier sofort«, sie lachte, »trotzdem meint er, dass ich hier durch die Kinderbetreuung entlastet werde und den Urlaub so richtig genießen kann. Und natürlich bestätigt ihm das meine Mutter immer, wenn er kommt.«

»Ach, Sie reisen mit Ihrer Mutter?«, fragte ich erstaunt.

»Nicht nur mit meiner Mutter, auch mit meinem Vater.« Katharina lachte erneut. »Es ist nicht ganz einfach, aber gottlob haben sie hier gerade Bekanntschaft mit einem

anderen Pärchen geschlossen. Man fragt sich zwar, was die in einem Kinderhotel machen, aber was soll's. Wahrscheinlich bekommt man im Mai besondere Specials beim Reiseveranstalter. Mir soll's nur recht sein, es sind eh immer noch genug Kinder hier. Fakt ist, es erlaubt mir, seit ein paar Tagen mit meiner Tochter entspannt allein am Abend essen zu können, was auch immer entspannt heißt …« Sie lachte wieder. »Nicht dass Sie jetzt denken, dass ich nicht gerne mit meinen Eltern esse, aber manchmal, also ich meine …«
»Ich verstehe«, half ich ihr über die Klippe. »Ich bin übrigens Elena.«
»Uhlig, das ist der Wahnsinn hier. Da kriegst du den Wein aus Zapfanlagen. Eine Katastrophe!«, kam Herr Karl wieder zurück, mit verzogener Miene.
»Ja, das ist auch der Wermutstropfen für meinen Mann. Deshalb gehen wir immer außerhalb des Hotels essen, wenn er kommt. Aber Kinder lieben es hier – leider«, flüsterte sie uns zu.
»Mama, bitte, darf ich noch mal los und mir was zu trinken holen?«, fragte mich der Große.
»Genau das meine ich«, sagte Katharina, »alles im Überfluss. Aber jetzt lass ich euch mal essen.«
Katharina mochte ich auf Anhieb, und ich stellte schon bald fest, wie recht sie mit dem Überfluss hatte.
Diese grenzenlose Schlemmerei. Man holte sich immer wieder Nachschlag und ließ das andere stehen, wie beim Running Sushi im Einkaufscenter. *All you can eat* war dort mittags das Zauberwort. Meine Kinder waren im Glück, sie konnten nach Herzenslust zugreifen. Es zogen Pommes und frittierte Hähnchenschenkel an uns vorbei, und in der unteren Reihe drehte sich das Dessert

im Kreis. Vor allem erstaunte mich, dass wohl auch im Asiatischen die Schwedenbombe und der Schokokuss en vogue waren. Das alles hatte mit Sushi leider wirklich wenig zu tun …

»Mama, Mama, Mama! Ich rede mit dir. Darf ich noch mal los und mir was zu trinken holen?«, nervte der Große schon wieder.

»Du warst doch jetzt schon fünfmal.«

»Aber die anderen haben so was mit Himbeere«, jammerte er.

»Dann nimm bitte deinen Bruder mit.«

»Aber der ist viel zu klein. Der kommt gar nicht an das Trinken ran.«

»Und deshalb bist du so ein toller großer Bruder, der dem kleinen Bruder hilft, an die Himbeerbrause zu gelangen«, erwiderte Herr Karl. Freudestrahlend zogen die Buben ab.

Ich will auch noch mal schauen, was der Nachtisch macht, dachte ich, sagen hörte ich mich: »Ich muss mal kurz aufs Klo«, damit nicht wieder die Leier von Herrn Karl mit dem Süßkram losging. Das Klo lag zum Glück nicht unweit der Desserttheke. Herrliches Alibi. Auf dem Weg dorthin bekam ich einen kleinen Tumult an den Zapfanlagen mit, meine Kinder hatten es geschafft, klein wie groß, die Stopptaste außer Gefecht zu setzen, und somit strömte die Himbeerbrause ungehindert auf den Restaurantboden. Egal, schnell weg, doch nicht Desserttheke, sondern ab zum Klo, verstecken, denn jetzt sind unsere lieben Kleinen einfach nur die Kinder von Herrn Karl. Gottlob war auch noch eine Schlange vor den Toiletten. Yes! Bis ich wieder zurück bin, würde Herr Karl die Lage unter Kontrolle haben. Das muss man ihm lassen. In solchen

Situationen ist er beherzt, klar und kontrolliert. Dafür verzichtete ich auch gerne auf den Nachtisch, manche Opfer musste man eben bringen.

»So«, hörte ich ihn schon von Weitem. »Wir gehen hier jetzt einmal alle weg und beruhigen uns. Hier gibt es gar nichts zu sehen.« Er ist überhaupt das fantastischste männliche Wesen, das mir in meinem Leben untergekommen ist. Und das wusste ich in dem Moment, als ich ihn sah und unsere Blicke sich trafen. Liebe auf den ersten Blick, die gibt es tatsächlich. Ich bin ihr begegnet und begegne ihr noch. Und auch wenn's manchmal schwierig ist, lachen können wir zum Glück immer.

Nach dem Essen bugsierten wir die Kinder, völlig überdreht von dem ganzen Zuckerwasser, mühsam aus dem Restaurant. Oder besser gesagt: Herr Karl ging mit ihnen vorneweg, und ich rollte vollgefressen hinterher. Die Theke mit dem Nachtisch hatte ich natürlich dennoch aufgesucht und mich herrlich ausgelebt: Pannacotta, köstliche Obststreuselkuchen, Himbeer-Joghurt-Tiramisu … Hubertus empfing uns bereits, er hatte es geschafft. Wir konnten endlich unser wirklich schönes Zimmer beziehen. Irgendwie, wie, wollte ich gar nicht wissen, hatte er die anderen Urlauber aus der 315 vertrieben. Das wäre nun wirklich nicht nötig gewesen, so schlimm bin ich ja gar nicht. Ich hab halt nur meine genauen Vorstellungen. Nenntante Konstanze hatte einmal gesagt, als sie mir in Südafrika mit meinem Erstgeborenen bei der Betreuung aushalf und wir gerade zum vierten Mal unsere Taschen packten und durch Kapstadt zogen, um das Appartement zu wechseln: »Wenn ich nicht wüsste, dass wir danach wirklich, wirklich immer besser wohnen, ich würde – egal, Uhlig, ich lieb dich auch so.«

Hubertus begleitete uns zum Zimmer 315.
»Ich hoffe, das Zimmer passt jetzt. Wenn nicht, dann suche ich euch morgen ein paar andere Hotels heraus, die zu unserer Gruppe gehören und kleiner und familiärer sind. Aber jetzt schaut mal, wie ihr euch hier die erste Nacht fühlt.«
Er sah uns eindringlich und wohlwollend an. »Versucht es zu genießen trotz holprigem Start, und vor allem kommt erst mal gut an.« Damit überreichte er uns den Zimmerschlüssel und zwinkerte uns zu.

Ankommen, wie wahr! Nachdem wir die Kinder endlich nach der vielen Aufregung und den Strapazen der Reise ins Bett verfrachtet hatten, fiel auch Herr Karl umgehend in einen tiefen Schlaf. Er konnte ja überall schlafen. Ich lag wach und sinnierte über Hubertus' Worte. Ich stellte mich gerne meinen Ängsten, auch wenn sie mich manchmal zu übermannen drohten. Es war für mich eigentlich gar nicht so schwierig, im Urlaub richtig anzukommen. Da passiert viel, ich bin mit meiner Familie zusammen und im Glück. Aber aus dem Urlaub zurückkehren, schoss es mir durch den Kopf, das ist der Wahnsinnsstress. In mir zog sich schon beim Gedanken daran alles zusammen.
Immer ist das Wetter schlecht, der Herr Karl verlässt uns schon am Flughafen, weil er weiter zu einem Dreh muss, die Wohnung ist kalt, der Kühlschrank ist leer, die Kinder sind müde und nörgeln nur rum.
»Uhlig, hör auf! Aufhören!«, schalt ich mich selbst. Raus da jetzt, raus! Das Glas ist doch halb voll. Ich musste Schäfchen zählen, an etwas Schönes denken, an diesen Moment hier, wir sind doch jetzt im Urlaub. Ich wollte

doch zu tanzen beginnen. Alles sollte leicht werden wie eine Feder. Der Glücks- und Erholungsrausch konnte beginnen. Ich werde die Augen schließen und diese wunderbare Luft einatmen, die Brise spüren, den Wind meine Haare zerzausen lassen und mit den Möwen mein unfassbares Glück herauskreischen. Und mit diesem mich selbst beruhigenden Mantra bin ich endlich im Zimmer 315 eingeschlafen.

Frau Uhlig muss schwitzen

Das Schöne im Urlaub ist der erste Morgen: kein Wecker und auch keine Handys, die eingeschaltet neben dem Bett lagen. Zum ersten Mal seit Wochen schlief ich strahlenfrei. Der Beschützer schlummerte friedlich an meiner Seite, somit konnte ich das Telefon ausmachen. Ich musste ihn nicht mitten in der Nacht wegen eines möglichen Einbruchs, Überfalls oder Feueralarms panisch anrufen oder seine Stimme hören, weil eines der Kinder krank war und das andere das Bett vollpinkelte und ich die Nerven wegschmiss. Auch unsere Katzen konnten mich nicht stören, die als Liebesbekundung Mäuse, Vögel, Frösche, Schlangen in unser Heim brachten, die dann völlig verängstigt unterm Sofa fiepten und ich so angeekelt war, dass ich den Beschützer brauchte. Er baute mich mental so auf, dass ich die armen Tiere heroisch retten oder entsorgen konnte. Aber nun war der Held da, und das Handy lag ausgeschaltet im Safe. Da ich noch immer kein Datenvolumen dazu gebucht hatte, konnte es vorerst auch dort liegen bleiben.

Das Bett schien gar nicht schlecht zu sein, fiel mir auf. Immerhin hatte ich die Nacht halbwegs gut durchgeschlafen und musste nur zweimal auf die Toilette. Denn mit Betten bin ich schwierig, aber das würde an dieser Stelle zu weit führen. Während ich im Bett lag, mich genüsslich streckte und räkelte, dachte ich darüber nach, was mich eigentlich geweckt hatte. Die Sonnenstrahlen suchten sich einen Weg durch den dicken Verdunkelungsvorhang. Es war wahnsinnig heiß hier im Zimmer. Aber bei offenem Fenster kamen die Moskitos. Und schon bei einem Moskito im Zimmer kann ich nicht schlafen. Allein schon dieser Ton, wie beim Zahnarzt. Sssss, Sssssssssiiissss, schrecklich! Also mussten wir das Fenster schließen, die Luft stand, die Hitze stieg. Und die Aircondition, die man hätte anmachen können, war dem Herrn Karl ein Dorn im Auge. Gleich würde ihn die Halsentzündung anfliegen, eine unter Schauspielern stets gefürchtete Krankheit, da sie einem die Stimme für Tage, ja sogar Wochen rauben konnte. Überhaupt weiß man ja, Klimaanlagen sind Bakterienschleudern. Aber ich finde, in südlichen Gefilden sind sie unerlässlich. Ich hatte doch extra ein Hotel mit Klimaanlage gebucht, dafür gab es doch auch einen Stern mehr. Und wenn wir schon für einen zusätzlichen Stern zahlten, sollte ich ihn auch nutzen – ist doch logisch. War doch Quatsch, die Klimaanlage nur im Zimmer hängen zu haben und sie nicht zu gebrauchen. Wenn es keine gab, hatte man ein Problem, das wirklich schwer zu lösen war. So trug es sich zu, als wir in Thailand waren.

Es war dieser Rucksackurlaub, ich sag nur: Panikrettungswesten. Die erste Insel war traumhaft schön! Das Ursprüngliche dieser Insel war, dass fast überall um vierundzwanzig Uhr der Strom ausgeschaltet wurde, um die Generatoren zu schonen. Herrlich! Wer hatte uns diese Insel noch einmal empfohlen? Unsere Münchner Freunde mit ihrem Sohn, dem besten Freund vom Großen. Die wollte man ja unbedingt zu Anfang des Urlaubs treffen! Als wir ankamen, schaukelten sie auch schon in der Hängematte vor ihrem Bungalow. Hatte ich nicht Meerblick angegeben? Ich wollte ganz sicher nicht in den Gartenbungalow neben dem Sumpfgebiet. Aber egal, zum Glück hatten wir die Moskitonetze für die Expedition im Urwald dabei. Dumm war nur, dass ich zu Hause die Heftzwecken vergessen hatte, womit wir sie im Holzbungalow hätten befestigen können. Es waren derart viele Moskitos unterwegs, und im Bungalow war es so schwül, dass ich hier eine Aircondition dringend gebraucht hätte. Klar hätte man nachts die Tür aufmachen können für ein kühleres Lüftchen, aber dann hätte jemand hereinkommen können. Die Holzbungalows konnte man nicht wirklich verschließen, aber die Tür sperrangelweit offen stehen zu lassen hieß, die Räuber auch noch einzuladen. Nach der ersten Nacht stand fest, diese Bungalowanlage musste verlassen werden. Später erfuhr ich, dass Wetten auf mich abgeschlossen worden waren, wie lange ich es wohl auf dieser Insel aushalten würde. Zehn Tage hatten wir geplant … Die nächsten zwei Tage verbrachten wir mit der Besichtigung von diversen Wechselunterkünften. Aber leider bekamen wir die Gewissheit, dass nur ein Resort auf der Insel tatsächlich Aircondition hatte, die merkwürdigerweise immer um vierundzwanzig Uhr ausfiel. Da das Resort nicht schön und sowieso ausgebucht war, blieb uns nur der Gang ins Zelt. Ein normales Zelt, wie man es bei uns in jedem Outdoor-Laden kaufen kann. Aber es stand auf Stelzen, auf einem Holzpodest, einen Meter vom Boden weg. Ich musste mich im Ausnahmezustand befunden haben, anders kann ich mir das heute gar nicht erklären, dass ich tatsächlich ins Zelt gezogen bin. Zelte waren nämlich für mich die längste Zeit passé. Genau genommen seit zwei Urlauben mit dreizehn und vierzehn in der

Hochphase meines Frauwerdens, böse Zungen würden Pubertät dazu sagen. Aber nun war es leider die einzige Möglichkeit, am Abend Luft in die Unterkunft zu bekommen. Dass das Klo unter freiem Himmel und nur von Mauern umgeben ein Stück vom Zelt entfernt war, stellte unsere Beziehung auf eine harte Probe. Aber Herr Karl war ein Held. Fünfmal jede Nacht begleitete er mich zum Klo, teilweise sogar öfter. Immer wenn wir zurückkamen, hatte ich das Gefühl, noch mal zu müssen. Das Problem lag aber auch oft bei Herrn Karl selber, denn lagen wir wieder im Zelt, hätte er mich nicht mehr ansprechen dürfen, damit ich schnell einschlief. Hielt er sich nicht dran und sprach mich an, musste ich ganz sicher wieder aufs Klo. Und somit entstand ein ewiger Kreislauf. Aber nach fünf Tagen waren wir ein eingespieltes Team. Niemals hätte ich mir die Schmach gegeben, frühzeitig von der Insel abzureisen. Die volle Länge bin ich geblieben, mehrfach über meinen Schatten gesprungen, und dass ich danach sagte: »Ab jetzt nur noch fünf Sterne!«, das war ja klar und mein gutes Recht. Ist auch lustig, wenn man dann in Kambodscha in Angkor Wat völlig verdreckt mit zwei Schratzen an der Hand im Raffles einzieht. Schon Charlie Chaplin wohnte in dem Grandhotel. Und wie wir die Aircondition dort geliebt haben! Wieso hatte Herr Karl nur hier auf Malle Schwierigkeiten damit?

Frau Uhlig wacht auf

Und eins und zwei und drei und vier. Und vor und zurück! Leute, ich will die Hände seeehen!«
Oh nein, oh nein, das war es, was uns geweckt hatte. Nicht das Vogelgezwitscher, auch nicht die Sonnenstrahlen oder die stickige Luft, nein, es war der Animateur der Wassergymnastik im Pool gleich unter unserem Fenster.
»Das ist ja ein Spitzenzimmer. Dafür hast du gestern so lange gebraucht. Verstehe.« Herr Karl verschwand genervt in der Dusche.
»Aber alles hat auch sein Gutes, Karl. Wir hätten sonst fast das Frühstück versäumt.« Ich starrte auf die Uhr. Neun Uhr und fünfzehn Minuten. Jetzt aber schnell. Laut Plan konnte man nur bis neun Uhr kommen, frühstücken und spätestens um halb zehn den Saal verlassen haben, das Mittagsbüfett wollte vorbereitet werden. Aber all-inclusive hieß, dass man rund um die Uhr Chips und süßen Klebekuchen an der Bar bekam, so stand es zumindest in der Broschüre. Egal. Ich brauchte richtiges Frühstück. Frühstück ist mein Lebenselixier, ohne bin ich nur ein halber Mensch. Zu Hause geht es schon einmal ohne. Aber im Urlaub? Undenkbar. Ich hatte doch keine Küche, wo ich mir später noch eine Stulle machen konnte. Und ich brauche meinen schwarzen Tee mit Milch und Honig. Das allein ist ja schon eine Geburt. Mittlerweile nehme ich die Teebeutel schon selber mit. Ich ärgerte mich; immer wenn wir mit unseren Kindern

reisen, sind wir die Letzten beim Frühstück. Wenn wir kommen, sieht es zwar auf den anderen Tischen nicht mehr appetitlich aus, und das Büfett ist eigentlich schon zur Hälfte abgeräumt, aber egal, Augen zu und durch und den Kellner nerven. Das ist das Schöne am Zuspätkommen: Das Büfett ist geplündert, man hat aber gerade noch Anrecht auf Schinken, Käse, Obst und Joghurt, und so bekommt man um neun Uhr das Frühstück frisch serviert, während es um acht Uhr bereits seit zwei Stunden darauf wartet, von den Hotelgästen verspeist zu werden. Eigentlich geschickt. Und länger geschlafen haben wir auch. Als wir uns endlich durch die Hotelanlage bewegten, tierisch hungrig, war natürlich schon viel los.
»Erwin, da sind's, da sind's! Habt ihr gut geschlafen, ihr Lieben?« Erschrocken drehten wir uns alle um. Selbst in den größten Bettenburgen begegnete man den gleichen Leuten immer wieder, interessant. »Oh wie süß, jetzt sehe ich sie alle frisch und ausgeruht! Ihr seid so richtige Langschläfer, wie? Genau wie unsere Tochter und unsere Enkelin. Das waren wir früher auch. Was, Erwin? Aber das hat die längste Zeit aufgehört. Ist wahrscheinlich das Alter. Und nicht nur das. Aber ich sag jetzt nicht, dass der Erwin schnarcht«, lachte Elfi unbeholfen. »Jetzt müsst ihr euch aber beeilen, wenn ihr noch was essen wollt. Wir sehen uns später am Pool, oder? Dann lernt unsere Tochter euch auch kennen. Ihr werdet euch bestimmt mögen.« Ein Knuff in meine Seite ließ sich nicht vermeiden. »Sollen wir ein paar Liegen reservieren? Der Erwin ist da klasse drin.«
»Danke, ganz lieb, aber wir gehen vielleicht zum Strand«, versuchte ich mich aus der Affäre zu ziehen. Außerdem war es noch nicht mal gelogen.

»Ach, zum Strand? Der Erwin hat ja Probleme mit dem Salz. Stimmt's, Erwin? Erwin, wo bist du denn? Der war doch grad noch hier, oder?« Verwirrt sah sie sich um und entdeckte ihn am Ausgang. Er hatte sich davongeschlichen. »Bei den Worten Pool und Liegen ist er ganz in seinem Element«, entschuldigte sie sich und verschwand.

»Papa, ich hab Hunger«, hing uns der Kleine am Rockzipfel. Recht hatte er, ich hatte auch Hunger!

»Wir warten am Pool drei. Tschüüss!«, rief uns Elfi noch zu.

»Hier sind meine Stargäste«, wurden wir schon von anderer Seite begrüßt. Was war denn hier los, so früh am Morgen? »Und, wie habt ihr geschlafen die erste Nacht im Paradies?«

»Hubi, wirklich, das Zimmer ist der Knaller! Und die Betten, so gemütlich. Aber der Lärm ...«, ich konnte mich leider nicht zusammenreißen, obwohl er sich schon so für uns eingesetzt hatte.

»Uhlig, ich geh schon mal mit den Kindern los, um das übrig gebliebene Büfett zu inspizierten.« Herr Karl war genervt, das spürte ich, aber ihm war es doch auch zu laut. Ich musste das jetzt mit Hubi besprechen. Ich klagte über den Animateur am Pool: »Das kannst du dir gar nicht vorstellen. Das ist der Wahnsinn, Hubi, wie nervig der ist. So nervig. Immer ›Und eins und zwei und drei und vier‹ und das in einer unerträglichen Lautstärke.«

»Elena, hör zu, geh mal schnell zum Frühstück, bevor es vorbei ist. Komm doch am Nachmittag zu mir in den ersten Stock. Ich suche dir ein paar mögliche Hotels raus, in die ihr wechseln könntet. Und vielleicht habe ich dann auch Zeit, sie mit dir gemeinsam anzuschauen.« Er zwinkerte mir zu. Das war doch mal ein Angebot! »Leider muss ich jetzt los, irgendwas am Indoorpool läuft nicht nach Plan. Manchmal frag ich mich, ob ich auch noch der Hausmeister bin. Also dann bis später!« Hubi zog von dannen, und ich beeilte mich, zu Herrn Karl und den Kindern zu kommen. Von den Wechselunterkünften erzählte ich vorerst noch nichts, ich wollte es Herrn Karl schonend beibringen, und mir blieb ja noch eine Menge Zeit.

Frau Uhlig sucht die Fun-Area

Es war so weit. Wir waren auf dem Weg zu den Rutschen. Die Kinder waren schon während des ganzen Frühstücks aufgedreht und plapperten unentwegt von den Rutschen. Wie sie wohl aussahen? Wie viele Loopings sie erwarteten? Mir wurde wieder bewusst, warum ich mich für dieses Hotel entschieden hatte, die Kinder … Die äußerst kompetente Reisefachverkäuferin versprach doch mir ein wahres Mekka der Rutschen. Für jeden etwas dabei, von den ganz Kleinen bis hin zu den Halbstarken – ein Paradies. Wir mussten rüber zur Fun-Area, hieß es. Nachdem wir den Haupttrakt verlassen hatten, standen wir an einer Straße, die man überqueren musste, um zum Eingang der Fun-Area zu gelangen. Die einzige Möglichkeit, diese Straße sicher zu überqueren, war eine Ampel, und selbstredend lag genau gegenüber, fast vor dem Eingang zum Paradies, ein kleiner Touristenladen als Supermarkt getarnt, in dem man alles bekommen konnte. Der Besitzer des Ladens hatte sehr geschickt den Bürgersteig bis hin zum Randstein mit Ware zugebaut und nur einen kleinen Weg, der mitten durch das Warensortiment führte, frei gelassen. Wollte man nicht, dass die Kinder auf die Straße liefen, musste man da durch. Und da entdeckte der Kleine das Krokodil. Ein riesenhaftes aufblasbares Krokodil mit zwei Haltegriffen beim Kopf.

»Mamaaa!«, rief er aufgeregt. Oh nein, jetzt auch noch das. Der Kleine hatte das Krokodil schon fest im Griff,

zerrte daran, um es von der Befestigungsschnur loszureißen. Ich konnte es ihm nicht verübeln, genau so ein Krokodil wollte ich in meiner Jugend auch immer haben. Leider waren das die Momente, in denen Herr Karl rotsah, das wusste ich. Wir waren doch gerade in so einer beschwingten Stimmung, hatten sicher das Hotel verlassen, ohne Elfi und Konsorten zu begegnen, und nun das. Ich musste die nahende Eskalation im Keim ersticken. Das war übrigens ein Leitsatz meiner Oma, und sie musste es ja wissen als Ärztin in dritter Generation. Da hatte ich die zündende Idee, wie ich Herrn Karl ablenken konnte: »Lieber, geh doch schnell rein. Ich rieche doch schon von hier, dass die eine richtige Kaffeemaschine haben, eine echte für italienischen Espresso. Es stand doch auch grad da vorne dran: Supermercado e Bar. Und der Kaffee im Hotel ist doch nix für dich, ich bitte dich. Ich weiß schon, dass du dich wegen mir so zusammengerissen und nichts gesagt hast über den Kaffee, das hab ich sofort gesehen, und dafür danke ich dir von Herzen.«
»Mamaaa, Krokodil!«
»Gleich, mein Schatz, gleich.«
»Wie? Er kriegt das Krokodil? Und ich, was krieg ich?«, fragte der Große lauernd.
»Karl, gehst du jetzt bitte rein und trinkst einen Espresso?!«
Mir flatterten die Nerven, ich musste die Situation schnell unter Kontrolle bekommen, sonst kippte die Stimmung für den Tag. Flehend schaute ich Herrn Karl an: »Bitte, geh du einen Espresso trinken. **Jetzt.**«
Er schüttelte den Kopf: »Ich verstehe«, und verschwand im Inneren des Ladens. Herr Karl hatte verstanden, dass jetzt der falsche Moment für Widerworte war.

»Mama, wenn er das Krokodil kriegt, dann, dann …«
»Du bist so blöd«, mit diesem Satz haute der Kleine dem Großen in den Magen.
»Mamaa, er hat mich gehauhaut.«
»Gehauen heißt das, gehauen, nicht gehaut. Sprich Deutsch, nicht Österreichisch mit mir!«, fuhr ich meinen Großen an. Schrecklich, wenn er seine Muttersprache verlieren würde.
»Er hat mich gehaueeeeehen«, plärrte der Große in perfektem Deutsch. »Mamaaa, er ist ganz blöd. Ich hasse meinen dummen kleinen Bruder.«
»Ich bin nicht dumm!« Der Kleine wollte schon wieder auf den Großen los, nun hatte ihn die Wut gepackt. Ich schnappte ihn und hielt ihn fest. »So. Was ist das Problem? So gibt es gar nix. Verstehst du? Ich kauf jetzt nix. Mama kauft jetzt gar nix. Wenn du dich jetzt benimmst, dann überleg ich mir das vielleicht noch einmal mit dem Krokodil, aber jetzt nicht! Aus. Schluss!«
Dann wandte ich mich zum immer noch weinenden Großen: »Und du auch. Du hörst jetzt auf mit dem Theater. Wollt ihr zu den Rutschen oder nicht?«
»Ja! Rutschen, rutschen«, riefen beide wie aus einem Mund. Herrlich, wenn man sich dann doch so einig war.
»Der Kaffee war gar nicht schlecht. Können wir?« Herr Karl trat aus dem Laden. »Los, Buben, wer als Erstes bei den Rutschen ist.«
Bevor ich noch rufen konnte: »Vorsicht vor der Parkhaus-Ausfahrt!«, waren sie schon weg. Das umsichtige Verhalten auf Bürgersteigen musste ich später noch mit den dreien besprechen, jetzt erst einmal ihnen hinterher, bevor ich den Anschluss verlor. Allerdings hätte ich mich gar nicht so beeilen müssen, denn weit kamen sie nicht.

Herr Karl stand mit den beiden Buben vor einem Wachposten und wurde am Eingang zum Rutschparadies, das man allerdings noch gar nicht sehen konnte, aufgehalten. Völlig aus der Puste von diesem kleinen Sprint sprach ich den Wachposten an: »What's the problem?«

»Uhlig, lass jetzt! Du bleibst jetzt hier bei den Buben, und ich bring schnell unsere Handtücher zurück aufs Zimmer.«

»Was machst du?«

»Wir dürfen da nämlich nicht mit unseren Zimmerhandtüchern rein.«

»Ja, aber mit welchen denn sonst?«

»Meine Liebe, darum kümmerst du dich«, Herr Karl deutete nach rechts, auf ein Häuschen mit der Aufschrift *Office*. »Anscheinend muss man dort die erlaubten Handtücher für die Water-Fun-Area holen.«

Ich spürte schon an seiner Aussprache des Wortes Area, wie geladen er war.

»Uhlig, ich bin dann weg und bringe schnell die unerlaubten Handtücher in unser Zimmer zurück. Wenn's recht ist.«

»Mama?! Gehen wir jetzt nicht rutschen?«, fragte der Kleine ungeduldig. Na super, das lief ja alles wie am Schnürchen.

»So. Ihr kommt jetzt beide mit und kein Wort mehr!«

»Stop! May I see your room-key, please?«, wurde auch ich vom Wachposten aufgehalten.

»For what?«

»Madame, I must know, if you are a guest of the hotel.«

Wenn ich nicht so geladen gewesen wäre, hätte es mich eigentlich freuen müssen, dass hier nicht jeder unerlaubt reinkam. Denn was nicht unerlaubt reinkommt, konnte

drinnen keinen Schaden anrichten. Und die, die drin waren, konnten nicht einfach verschwinden. Trotzdem zeigte ich dem Herrn widerwillig meine Karte, wartete aber brav, bis er mir zunickte, und zog erst dann mit leichtem Unmut meine Kinder zu besagtem Office. Jetzt musste es aber hier mal vorangehen, sonst würde meine Laune auch noch kippen. Eine Riesenschlange. Egal, es war Urlaub, wir hatten Zeit. Als wir endlich an der Reihe waren, sprach mich ein Mädchen Anfang zwanzig an, das aus *Baywatch* entsprungen sein musste: »Heyhey! Wie schön, dass ihr hier seid.« Ich hasse es, wenn man gleich geduzt wird, eine Verrohung der deutschen Sprache. »Ihr wollt bestimmt die Handtücheer! Stimmt's?«, quiekte sie. Ich nickte nur lakonisch. »Dann erklär ich dir und deinen Süßen schnell die Spielregeln.«
Oh nein. Spielregeln. Herr Karl wird es hassen. Hiermit ist bewiesen – Mallorca ist und bleibt das siebzehnte Bundesland von Deutschland.
Blondchen sprach weiter ihren einstudierten Text: »Ein Handtuch für jeden. Gut drauf aufpasseeen. Nicht ständig wechseln. Wegen unserer Erde, dem Ökosystem und überhaupt.« Ich sag jetzt nichts, immer nur lächeln, sonst kommen wir bei den Rutschen nie an, dachte ich.
»In eurem Zimmer habt ihr auf dem Balkon eine Hängevorrichtung, da könnt ihr sie trocknen. Einfach die Augen aufmachen, dann sieht man sie schon! Und wenn alle Stricke reißen, dann kannst du sie auch mal austauschen. Passt gut auf sie auf, hütet sie wie einen Schatz.« Sie drückte mir drei abgewetzte hellblaue Badelaken in die Hand: »Hier eins für dich und zwei für deine Süßen.«
»'tschuldigung, ich brauche vier«, meldete ich mich nun doch zu Wort.

»Für jeden eins sind drei.«
»Aber wir sind vier!«
»Pro Person ein Handtuch. Wenn ihr vier seid, muss der vierte selber kommen«, lächelte sie mich unbeirrt an und wandte sich dem nächsten Gast in der Schlange zu. »Heyhey, wie schön, dass ihr da seid. Wie schön, dass ihr uns besucht!« Ich kochte vor Wut. Eine einundzwanzigjährige braun gebrannte Miss Hessen-West, die mir die Welt erklärte, so etwas liebte ich besonders. Da sah ich Herrn Karl, der vor dem Eingang wartete. »Uhlig, das ist der Wahnsinn hier. Mich haben schon wieder fünf gegrüßt und zwei auf den letzten Film angesprochen. Ich sag nur so viel: Er gefiel ihnen nicht … Bei dir alles in Ordnung? Wieso hast du nur drei Handtücher?«
»Frag nicht. Ich rutsch sowieso nicht. Ich schau zu, lass uns jetzt bitte losgehen.«
»Los, Buben, wer als Erster bei den Rutschen ist …«, spornte Herr Karl die Buben wieder an. Langsam ging ich ihnen nach. Ich ärgerte mich immer noch über Miss Hessen-West und die drei Handtücher.

Frau Uhlig und die Kinder sind enttäuscht

Uhlig!«, wurde ich aus einem Dämmerzustand gerissen. War ich auf der Liege eingeschlafen? »Pack mal mit an!«

Herr Karl stand neben mir und versuchte seine Liege in das kleine Fleckchen Sonne zu ziehen, das in der Fun-Area überhaupt vorhanden war.

»Uhlig, ich sag dir, die Rutschen: eine herbe Enttäuschung. Das Wasser im Auffangbecken hat höchstens neunzehn Grad, auch das Wasser, das die Rutschen runterläuft. Bei jeder Rutsche steht oben und unten ein Lifeguard mit Trillerpfeife im Mund.«

»Das sind Ferienjobs für junge Männer mit Anwartschaft aufs Militär, Karl«, versuchte ich ihn zu beruhigen. »Ja, da kannst du recht haben, denn anders ist die Härte und Disziplin dieser Herren bei den Rutschen überhaupt nicht zu erklären. Die Buben dürfen nur in einer Position rutschen und überhaupt keinen Laut von sich geben. Uhlig, ich muss mich kurz aufwärmen. Haben wir wirklich nur drei Handtücher?«

»Bitte, Karl, lass das Thema! Ich bin da grade raus.«

»Wo raus, Uhlig?«

»Vergiss es, Karl. Ich geh jetzt zu den Buben und schau mir das mal an.«

Wie recht Herr Karl mit Disziplin und Härte hatte. Gaben die Buben einen Laut von sich, einen Jauchzer, einen

Jubelschrei womöglich, wurden sie für die nächste Runde ausgeschlossen. Außerdem waren von den acht Rutschen nur zwei in Betrieb, die man nur im Wechsel rutschen durfte. Nach einer anscheinend genau abgezählten Minutenanzahl wurde die eine geschlossen und die andere geöffnet. Leider traf es meistens unsere Buben. Gerade wenn sie an der Reihe gewesen wären, wurde die Rutsche geschlossen, und sie mussten sich bei der anderen ganz hinten anstellen. Die anderen sechs wurden an diesem Tag gar nicht in Betrieb genommen, nicht nur an diesem Tag, sie blieben sogar den ganzen Urlaub über geschlossen. Die Buben waren zu Recht enttäuscht und hatten schon blaue Lippen vom kalten Wasser. Auch konnte die Sonne sie nicht erwärmen, da das Rutschparadies extra so zwischen die Gebäude gebaut war, dass es im Schatten lag – und im Mai ist es auch auf Mallorca noch nicht besonders heiß.

Etwas, das ich wirklich hasse, sind renitente Bademeister. Da konnte mir auch *Baywatch* nicht darüber hinweghelfen. Bademeister, meistens selbst in ihrer Kindheit unterdrückte, schwächelnde, nicht zu den Leadern gehörende Individuen, die nun ihre ganze angestaute Wut an die Kinder weitergeben. Heute aber ist der Bademeister erwachsen und stärker als jedes Kind. Und die müssen dafür büßen. Anders ist es nicht zu erklären, dass die Kinder keinen Spaß haben sollen und nicht mal jauchzen dürfen. Ich war einmal mit einer Freundin und unseren Kindern in einem großen Schwimmbad. Ein herrlicher, sonniger Tag, und das Hallenbad war menschenleer. Aber alle Springböcke im großen Becken waren gesperrt, obwohl niemand schwamm. Wir baten den Bademeister, einen Bock für die Kinder zu öffnen. Nein, die Bock-

Zeit wäre schon vorbei, die Leute wollten ja in Ruhe schwimmen. Und wir mussten die aufblasbare Brezel wieder ablassen, weil sie größer als siebzig Zentimeter war. Es war auch nicht erlaubt, vom Beckenrand ins menschenleere Wasser zu springen. Und bitte auch nicht zu weit tauchen. Geht's noch? Ich wollte mich schon beim Landkreis beschweren. Ganz sicher würde ich das noch tun! Die Laune der Kinder war so dahin, dass einzig die Aussicht auf einen Film im Auto bei der Heimfahrt sie halbwegs aufhellen konnte. Und jetzt traf man hier in Mallorca auch auf so eine wirklich schwierige Spezies. Doch halt, halt! Eine Ausnahme möchte ich und muss ich machen und auch beim Namen nennen: die zwei Bademeister aus dem Hallenbad in Ebensee, im wunderschönen Salzkammergut, wo wir für einige Zeit unsere Zelte aufgeschlagen hatten. Diese zwei Bademeister waren eine Offenbarung! Sie fühlten sich dazu berufen, den Kindern den Schwimmspaß zu lassen, und ließen sie im Wasser herumtollen, wie sie wollten. Denen war nie etwas zu laut, im Gegenteil, sie spornten die Kinder auch noch an und lachten mit. Die zwei muss man schützen, die Letzten ihrer Art, der vom Aussterben bedrohte Bademeister!

Unser Wasserspaß hier war jedenfalls dahin. »Mama, die lassen uns gar nicht spielen!«, kamen die Jungs nun auf mich zugerannt. »Ja, Mama, genau! Die sind ganz bbblöd!«, schlotterte der Kleine vor Kälte und bekam die Wut, ich musste ihn schon wieder halten.

Herr Karl lag auf der Liege in dem kleinen Fleckchen Sonne und erholte sich langsam von der Kälte. Nur hatte er inzwischen eine Hautreaktion vom vielen Chlor und von sonstigen Chemikalien zur Keimbekämpfung im

Wasser entwickelt. Überall hatte er kleine Pusteln, und er fing schon an, sich zu kratzen. Auf mein Geheiß, es zu lassen, warf er mir einen scharfen Blick zu. »Uhlig, ich weiß gar nicht, wie ich die Jahre ohne dich überlebt habe.«

Da schien der Große etwas zu sehen. Bevor wir überhaupt erkennen konnten, was er sah, setzte eine grauenhafte Kinderanimationsmusik ein. »Schni, schna, da simma ma dabei, ein Bett im Kornfeld« erschallte. Hilfe! »Da, Mama! Da will ich hin!«, jauchzte mein Goßer und wiegte sich schon im Takt. Manchmal fragte ich mich wirklich, was die Kinder von mir geerbt haben.
Nun schaute auch der Kleine in die Richtung. Sofort war seine Wut verflogen, und auch er fing an zu jauchzen. Unheil ahnend wandten Herr Karl und ich die Köpfe. Oh nein. Aus der Entfernung erkannten wir zwei riesige Menschenstofftiere in Form von großen rosa und grünen hässlichen Hasen, Wühlmäusen oder waren es doch Ratten mit bunten Baskenmützen und neongelben Latzhosen. Furchtbar! Ihr langer Schwanz bestand aus riesengroßen langen Perlenketten, die sie am Ende mit ihren viel zu großen, tollpatschigen Pranken festhielten.
»Uhlig, was ist das?«, schrie mich Herr Karl verzweifelt gegen die Musik an.
»Ich weiß es nicht, Karl!«, rief ich nicht minder verzweifelt zurück.
»Das sind die zwei Maskottchen der Anlage. Sind die nicht entzückend? Die Kinder lieben sie!«, schrie uns jemand von der Seite an. Katharina, die nette Frau, die uns gestern beim Abendessen mit dem Kellner und dem Tisch geholfen hatte, war neben uns aufgetaucht.

Frau Uhlig schließt Bekanntschaft, und die Kinder haben endlich Spaß

Wir standen im Schlepptau von Katharina vor dem Kiddy-Club der Fun-Area und mussten mit ansehen, wie diese schrecklichen Menschenstofftiere unsere Kinder zu sich gerissen hatten. Es schallte ohrenbetäubende Musik aus den Boxen, und sämtliche Betreuer grinsten mit einem Lächeln wie aus den Zahnpasta-Werbespots. Dazu duzten sie nicht nur die Kinder und versicherten mir, ohne dass sie mein Kind überhaupt kannten, es sei das süßeste, entzückendste und liebenswerteste auf Gottes weiter Erde, sie würden es hüten wie ihren größten Schatz. Klar wollten unsere zwei gerne rein. Es war der Wahnsinn, wie viel Kinderbetreuer hier umherliefen! Dieser Club schien es mit dem Betreuungsschlüssel sehr genau zu nehmen. Das gab mir zumindest ein gutes Gefühl, ich liebe Eins-zu-eins-Betreuung. Nun musste ich nur noch die Buben anmelden.

»Hallo Sie, die zwei Buben gehören zu uns, der große und der kleine da, und die möchten hier gerne rein«, schrie ich einer Betreuerin zu. Sie schaute mich an und lächelte noch breiter: »Wie kann man mit solch einem Glück beschert sein, mit zwei wundervollen Geschöpfen beschenkt worden zu sein. Aber bei einer Mutter wie dir kein Wunder.« Und schon fühlte ich mich geehrt, hatte das Gefühl, ich werde gesehen. Hier fand ich das Du

überhaupt nicht befremdlich, im Gegenteil. »Und wie ähnlich sie dir sehen. Wahnsinn, ein Traum.«
»Aber kein Wunder bei so einer Mutter«, wiederholte der nächste Betreuer, der hinzugekommen war. Wirklich? Ich wurde rot. »Findest du, die Buben sehen mir ähnlich? Ich sehe das doch gar nicht mehr. Als Mutter hat man dafür keinen Blick. Ich denk immer, die Kinder sehen dem Vater ähnlich, oder die Großmutter hat sich auch in ihnen verwirklicht. Wo das Kind die Nase herhat? Aber gut, dass sie meine dünnen Haare nicht geerbt haben. Ich muss dich jetzt noch einmal fragen, siehst du wirklich so eine Ähnlichkeit?«
»Uhlig.« Ich sah an Herrn Karls Blick, dass ich es nicht auf die Spitze treiben sollte. Verkürzen war das Zauberwort.
»Das ist übrigens der Vater der Kinder«, stellte ich Herrn Karl vor.
»Aha«, mischte sich eine Dritte ein, eine Ältere, sie schien der Boss hier zu sein – ich schätzte sie auf Mitte dreißig –, »jetzt weiß ich, warum mir die Kinder gleich so bekannt vorkamen. Dem Vater wie aus dem Gesicht geschnitten.«
Wusste ich's doch! Man hatte mich hinters Licht geführt und mich glauben lassen, meine Kinder und ich wären eine optische Einheit, der Uhlig-Clan. Nix da, Herr Karl hatte sich wieder einmal durchgesetzt, ich sag nur KuK …
Die ältere Betreuerin knuffte mich in die Seite. Und wieder hatte ich eine beste Freundin gewonnen.
»Da hast du aber Glück gehabt, so ein Sahneschnittchen ergattert zu haben. Ich hab gleich gesehen, wer er ist. Und die Kinder, so eine Ähnlichkeit mit ihm, der Wahn-

sinn. Beim Älteren dachte ich, das kann nur der junge Karl sein.«

Wunderbar, ich schielte zu Herrn Karl, endlich mal jemand, der ihn auch beim Namen kannte. Welch Freude. Obwohl ich der Fairness halber zugeben muss, dass Herr Karl öfter erkannt wird als ich. Bei mir denken immer alle, ich sei die freundliche Fleischfachverkäuferin aus dem Supermarkt, die mit dem Herrn Karl das große Los gezogen hat. Plötzlich Prinzessin – Teil 3 … Aber wie heißt es doch so schön: Auch ein blindes Huhn findet manchmal ein Korn. Und jeder Topf braucht seinen Deckel, vielleicht nicht so einen überdimensional großen wie mich, aber nun gut, im Notfall bin ich universal einsetzbar. Ich passe halt nur nicht richtig perfekt. Plötzlich hörte ich meinen Großen neben mir, wie er coram publico die Kinderbetreuer ansprach: »Wir sind erst gestern auf der Insel angekommen und nun wäre die Frage, ob die Möglichkeit bestünde, dass ich und mein kleiner Bruder vielleicht eine kleine Zeit bei Ihnen verweilen dürften. Dann hätten meine Eltern auch mal einen Moment der Ruhe und der Entspannung.«

Nicht nur optisch ähnelte mein Großer mehr seinem Vater, er wusste auch genau, wie er die Herzen für sich gewinnen konnte. Woher er allerdings die geschwollene Ausdrucksweise in diesem Moment herhatte, blieb mir schleierhaft. Nun war ich vollends in den Hintergrund gerückt, mein rheinländischer Slang hatte nichts mehr mit der gepflegten Sprache und Ausdrucksweise meines sechsjährigen Sohnes zu tun.

»Mama, ich da jetzt endlich spielen! Jetzt!« Super, wenigstens einer in der Familie blieb sprachlich auf meiner Seite, ein Hoch auf meinen Viereinhalbjährigen. »Ja, si-

cher, Schatz. Aber nicht zu lange, wir wollen auch noch zum Strand heute.«
Nun tänzelte die nächste Betreuerin herbei. Das schien ja eine richtige Versammlung hier zu werden.
»Ein neuer kleiner Prinz! Möchtest du ein Schmetterling oder ein Löwe sein?«
Sie stand vor meinem Kleinen, in der Hand hielt sie eine Farbpalette mit bunten Körperfarben. Die ältere Betreuerin wandte sich wieder zu mir: »Eure Kinder bekommen jetzt ein Hasen-Bugs-Bunny-T-Shirt von uns.« »Das ist hier Pflicht, damit wir immer wissen, wen wir gerade in der Betreuung haben.«
Aha, also doch Hasen. Als hätten Bunny und Buggs nur auf ihren Auftritt gewartet, wurde die Musik noch lauter, und die beiden Riesenhasen tauchten direkt neben uns auf.
»Ich bin Bunny!« »Und ich bin Buggs«, stellten sie sich mit verstellter Quietschestimme vor und machten dabei eigenartige Verrenkungen. Ob ich ihnen sagen sollte, dass man schnell Stimmbandknötchen bekam, wenn man die Stimme so missbrauchte? Mein Kleiner erstarrte, und der Große war sprachlos. Ich sah in ihren Augen, dass sie so etwas Schönes noch nie gesehen hatten. Mit unseren Buben im Schlepptau hoppelten die Riesenhasen zu einer Kindergruppe auf die Tanzfläche. Nun kam Leben in die Betreuer, die bei uns standen. »Ihr entschuldigt. Unser Hula-Bunny-Buggs-Tanz beginnt.«
Herr Karl sah mich an, ich Herrn Karl, und fassungslos sahen wir zu unseren Kindern, die ekstatisch mit den anderen einen völlig absurden Tanz aufführten. Sie waren im Glück.
»Ist es nicht wunderbar hier?« Katharina lachte. »Tja, so

ging's uns allen am Anfang. Ich hab doch gestern nicht zu viel versprochen.« Sie zwinkerte uns zu. »Meine Kleine bekomme ich hier gar nicht mehr raus«, wieder lachte sie, »aber es ist wirklich nicht so schlimm, wie es aussieht. Meine Mutter sagt dazu: Da haben Papa und Mama auch mal ein bisschen Zeit für sich.«

»Kathilein?! Ich glaub's ja nicht! Das ist ja lustig! Habt ihr euch auch schon miteinander bekannt gemacht? Herrlich!«

Diese Stimme hätte ich überall wiedererkannt. Elfi. Das konnte doch nicht sein. Wie absurd war das denn? Katharina war Elfis Tochter. Verrückt. Was soll man sagen. Aber bevor ich meine Worte wiederfand, war Elfi in ihrem Element und redete auf den ebenso perplexen Herrn Karl ein. »Lieber Herr Karl, ich wusste ja, dass Sie beide so bodenständig sind. Keine abgehobenen Schauspieler, Menschen ohne Berührungsängste, ganz normal eben, wie wir alle, die die Angebote nutzen, ihre Kinder hier abzugeben, um sich mal Ruhe zu gönnen. Ist doch super, und so kommt's, dass wir jetzt mal ein bisschen Zeit miteinander haben und uns kennenlernen können. Es ist ja sonst immer so hektisch mit den Kleinen, egal, wie süß sie sind, Teufel bleiben sie doch. Ich weiß noch, wie unsere klein war«, nun knuffte sie Katharina in die Seite – ah, endlich ein anderes Opfer, »da wären wir froh gewesen um so ein schönes Kinderhotel. Aber zu meiner Zeit hat es das ja alles noch nicht gegeben, hätten wir uns auch nicht leisten können. Unser Schwiegersohn ist sehr großzügig und lädt uns alle einmal im Jahr in dieses Hotel ein. Ist das nicht herrlich? Da können wir entspannen und sind endlich wieder mit Kathilein und unserer Fannymaus vereint. Ich vermiss sie eh so sehr. Ist schon heftig, wenn das einzige Kind so weit weg ist.« Elfi schossen die Tränen in die Augen, hastig wischte sie sie weg. »Entschuldigt, meine Lieben, ich werde immer sentimentaler, das kommt mit dem Alter. Dreimal tief durchgeatmet und weiter. Wo war ich stehen geblieben? Ach Gott, jetzt hat's mich aber wirklich erwischt.« Sie wedelte mit den Händen vor den Augen.

»Mama!«

»Ja, Kathilein, ich weiß. Die Mama ist wieder peinlich. Das haben Eltern so an sich. Wart nur ab, bis dir das so geht.«

Schweigen.

»Wo ist denn Ihr Mann?«, baute Herr Karl eine Brücke. Diplomatie konnte er, ich sag's ja: KuK.

»Ach, der Erwin? Wie nett, dass Sie fragen. Er ist drüben am Außenpool drei.«

»Wie am Dreier, Mama? Wir wollten uns doch vor dem Hotel treffen, um etwas zu unternehmen.«

»Ich weiß, mein Schatz, deshalb habe ich dich ja jetzt auch gesucht, bevor du dich hübsch machst, um dir zu sagen, dass wir heute doch noch einmal einen Pooltag einlegen. Der Papa hat bereits die Liegen für uns alle belegt. Die Poolanlagen sind großartig hier, da krieg ich den Erwin jetzt nicht weg. Kathi, du weißt, wie hart der Papa all die Jahre geschuftet hat und …«

»Mama!«

»Und Herr Karl?« Dieses Mal hatte Elfi den Wink ihrer Tochter sofort verstanden. »Wie ist das jetzt so ohne die Kinder? Wie fühlt sich das an? Komisch, oder? Man muss lernen, die Zeit, die man miteinander hat, auch wieder zu genießen. Sich als Paar wiederfinden. Oh Gott, ich komme ins Schwafeln, schrecklich.«

Ich lächelte Elfi an. »Kein Problem, wirklich, ich verstehe, was du meinst.« Plötzlich fühlte ich mich Elfi sehr, sehr nah.
»So, aber jetzt. Erwin fragt sich sicher schon, wo wir bleiben«, drängte Elfi nun zum Aufbruch. »Er mag's nicht, wenn wir ihn warten lassen. Zu den Außenpools geht's übrigens da lang. Ist verwirrend am Anfang, aber nach einer gewissen Zeit findet man sich schon zurecht. Ein bisschen verbaut, meint Erwin. Wir müssen jetzt leider wieder raus aus der Anlage und dem Kiddy-Club und wieder rüber in das Hauptgebäude, um zu den schönen Pools zu kommen. Ach, es gibt ja noch so viel zu entdecken! Wie gut, dass wir uns alle getroffen haben!« Elfi sah gewinnend in die Runde. Herr Karl lächelte Elfi an. »Na, dann kann ich auf dem Weg ja noch einen Espresso trinken.« Er warf mir einen Blick zu, den ich nicht wirklich zu deuten wusste. »Nicht wahr, Uhlig?«

Frau Uhlig ist es zu heiß

Wir schlängelten uns durch die verschiedenen Areas, bis wir die Poolanlagen endlich erreichten. Ob wir uns überhaupt ins Wasser trauten? Das Wasser ist für mich meistens zu kalt, und Herrn Karls Hautausschlag hatte sich verschlimmert. Die männliche Haut ist doch viel empfindlicher. Und wenn ich mir das recht überlege, halten wir Frauen schon mehr aus, sogar unsere Haut. Uns schützen nämlich keine Körperbehaarung und auch kein Bart (also hoffentlich). Am Pool entdeckten wir einige Frauen mit Sonnenbrand, aber doch deutlich mehr Männer waren ziemlich rot. Erwin briet in der Sonne, man könnte auch brutzeln sagen. Der Sonnenschirm war zwar aufgespannt, aber seine Liege hatte er extra vom Schirm weggezogen, denn in der Mittagshitze wird man ja auch am besten braun. Steht die Sonne im Zenit, geht es am schnellsten. Der Südländer weiß es besser und macht zu diesem Zeitpunkt Siesta bei geschlossenen Rollläden.

»Schau, Erwin, wen ich mitgebracht habe. Habe sie alle beim Kiddy-Club aufgegabelt. Stell dir vor, die sind schon bekannt miteinander!« Erwin schirmte sich die Augen mit seiner rechten Hand ab und schaute zu uns herauf. Aus Erfahrung kann ich sagen, er sah uns nicht. Bei Dreharbeiten in der Sonne ist es immer eine besondere Herausforderung, sein Gegenüber anzuschauen. Da hilft nur ein Trick: Man sollte vorher mit geschlossenen

Augen dreißig Sekunden in die Sonne blicken, danach klappt es auch, ohne zu blinzeln oder die Augen zusammenzukneifen, sein Gegenüber anzuschauen. Man hat super entspannt geöffnete Augen, aber man sieht nichts. Erwin sah uns definitiv nicht. »Ach, das ist ja nett. Seid ihr von eurer Wandertour schon zurück? Also ich hätt das ja bei der Hitze nicht gemacht, mit den Stöcken. Gertrud, du hast ja richtig abgenommen bei dem Walk.« Erwin grinste mich breit an und wandte sich zu Herrn Karl. »Hans-Georg, willst du ein Bier? Deine Kehle scheint ja ganz trocken zu sein. Du, Elfi, was ist jetzt mit dem Schauspielerpaar? Kommen die noch? Sonst können die Liegen Hans-Georg und Gertrud haben.« Er drehte den Kopf zu Katharina: »Fräulein, Sie kommen wie gerufen. Bringen Sie mir und meinem Freund bitte zwei Bier!«
»Papa!«
»Kathilein, wo kommst du denn her? Das ist ja lustig. Jetzt hab ich dich glatt für das Mädchen der Poolbar gehalten.« Er lachte donnernd.
Oh Gott, mir stieg die Hitze schon zu Kopf. Das war alles zu viel für mich. Erwin, dem man irgendwie helfen musste, aus dieser peinlichen Situation herauszukommen, aber wenigstens hatte er mich für schlank gehalten, was schon absurd genug war. Richtig stressten mich hier allerdings die schlanken Badeanzugfiguren, die demonstrativ ihren Superbody in der Sonne räkelten. Ich fühlte mich so richtig unwohl, nach dem Motto »Schaut her, die fette Kuh«. Ich hatte absolut keine Lust, mich zu entblättern. Bis jetzt war ich ja hervorragend drum herumgekommen, aber hier in der Pool-Area, wo die aktuellste Bademode zur Schau getragen wurde, konnte ich mich nicht länger davor drücken, meinen Körper im Badean-

zug zu zeigen. Vom Bikini rede ich erst gar nicht. Die Bikinifigur hat mich schon vor zwanzig Jahren verlassen, und wenn ich es recht bedenke, hatte ich auch nie so wirklich eine. Ab Beginn meines Busenwachstums hielten die Triangeldreiecke schon nicht mehr. Eigentlich hätte ich schon als Teenager im Sanitätshaus shoppen müssen, um meinen Busen adäquat zu verpacken und in Form zu rücken. Blieb also nur noch der verhasste Einteiler, und auch der war nicht wirklich für die Öffentlichkeit gedacht. Gut, im Pool und unter Wasser machte mein Badeanzug eine Spitzenfigur, außerhalb tat meinem Körper eine Tunika ganz gut, die schön umspielt und vom Privaten ablenkt. Trotzdem hätte ich gerne darunter einen neuen Badeanzug getragen – aus festem und absolut blickdichtem Material, vorzugsweise in Schwarz, das streckt. Zu Hause hatte ich das Badeanzugthema bei nasskaltem Wetter gerne verdrängt. Aber jetzt war es heiß! Ich brauchte Siesta im Dunkeln, in bequemer Kleidung und nicht im Badeanzug. Ich bin eher ein Vampir. Sonne und Hitze tun mir nicht gut, und grundsätzlich bin ich eher nachtaktiv. Ich musste dringend aus der Sonne raus, das spürte ich. Viel zu lange befand ich mich schon ohne Kopfbedeckung in der sengenden Hitze – Mai hin oder her. Das Rutschparadies, der überraschende Besuch im Kiddy-Club und jetzt auch noch die Poolanlagen leerten meine Reservedepots vollends. Und dann auch noch Erwin, der mir mit seiner Liege den Weg zum aufgespannten Schirm versperrte. Ich brauchte Schatten! Die restlichen Schirme am Pool waren entweder zugeklappt oder von herumliegenden Menschen auf Sonnenliegen verbaut. Ich stand hier direkt neben dem sich spiegelnden Pool auf weiß getünchten Bodenplatten, die natürlich die Sonne auch schön reflektierten. Die unerträglich heißen Sonnenstrahlen schossen von oben, von unten, von der Seite und vom Wasser auf mich nieder. Elfi, Katharina und selbst der arme Erwin, der uns immer noch nicht erkannt hatte, waren mir in diesem Moment scheißegal. Ich war im Begriff, mich aufzulösen, und schnappte nach Luft. Schatten, bitte! Schnell! Ich wollte mich schon kopfüber ins kühle Nass stürzen, als mich gottlob der warnende Ruf meiner Oma im Geiste erreichte. Ihre stete Warnung, nicht nur ein voller Magen sei im Wasser gefährlich, nein, sich auch überhitzt kopfüber ins kalte Nass zu stürzen, könnte einen plötzlichen Herzstillstand hervorrufen. Das dürfen nur Extremsportler (wie der sexy Mann aus der Cliff-Werbung aus den Neunzigern) oder lebensmüde Idioten. Ins kalte Wasser geht man immer mit den Füßen voran. Man sollte sich langsam abkühlen, erst die Waden benetzen, mit den Händen das Wasser ganz zum Herz hin streichen, ganz sanft den Körper an den Temperaturabfall gewöhnen, erst dann lässt man sich vollends ins Wasser gleiten. Geübte Saunisten können möglicherweise noch den Kopf unter Wasser tauchen, ohne dass das Gehirn Gefrierbrand erleidet – aber wirklich nur geübte Saunisten, nicht lebensmüde Sonnenanbeter, die von Hautkrebs in ihrem Leben auch noch nichts gehört haben wollten. Was glaubten die, warum heute bei Sonnenmilch Lichtschutzfaktor 50 Standard ist? Glaubten sie wirklich, Krebsrot ist eine Vorstufe zum Braunton? Es ist die Vorstufe zu Rot, Dunkelrot, Brand und möglicherweise zu Krebs. Wir sind keine brutzelnden Hühner, die den Rotton überspringen und gleich eine schöne braune Kruste bekommen. Und selbst wenn wir doch brutzelnde Hühner sind, was ist denn dann unter der Kruste? Darunter, darunter ist das nackte weiße Fleisch. Mir wurde schummerig. Ich stützte mich auf Herrn Karl.

»Die Hitze. Bitte. Die Hitze.«

Herr Karl, wie immer in wichtigen Momenten ganz da, mein Held, mein Lebensretter. Ich hätte gar nichts sagen müssen, er erfasste die Situation mit einem Blick. Ich musste aus der Sonne raus, und das in den nächsten Sekunden.

»Vielen Dank, dass Sie die Liegen für uns reserviert haben, aber die Uhlig verträgt leider keine Sonne, und sie braucht ihre Mittagsruhe. Ich bringe sie jetzt ins Zimmer, dort kann sie ruhen. Wir sehen uns.« Und damit zog er mich von Elfi, Katharina und dem verdatterten Erwin fort.

»Wunderbar, Uhlig, bleib so. Gleich sind wir aus ihrem Blickfeld und der Gefahrenzone raus.«

Was hieß denn hier »Bleib so«? Ich brauchte mindestens eine halbe Stunde Ruhe und Erholung.

»Die Poolanlagen sind nichts für meinen erschlankten Hasen«, raunte mir Herr Karl zu. »Zum Glück sollen das Meer und der hauseigene Strand in Gehweite erreichbar sein, aber jetzt braucht mein schlankes Häschen ein kurzes Nickerchen, um seinen Körper auf Normaltemperatur zurückzuholen.« Ich geb ihm gleich schlankes Häschen, aber Eile mit Weile.

Frau Uhlig und Herr Karl entdecken den Strand

Manchmal verliere ich das Wesentliche aus den Augen. Nach dem Mittagsschlaf mussten wir alle zum Strand. Endlich Strand. Der erste Weg im Urlaub müsste eigentlich immer zum Strand und zum Meer führen. Auch meine Kinder brauchen das Meer. Eigentlich, wenn man's genau nimmt, brauchen sie nur Sand, Wasser, Schaufel, Hut. Und dann tät der Urlaub ihnen gut. Auch für uns als Elternpaar wird alles viel entspannter. Man kann das Gehirn auf Sparflamme laufen lassen und sich nur mit Gedanken befassen, die allerhöchstens noch mit der Nahrungsaufnahme zu tun haben. Deshalb braucht der perfekte Strand nur eine einzige Lokalität, sonst müsste man sich ja Gedanken machen, zu welcher man geht. Ich will mich nicht entscheiden müssen, ich will Urlaub machen. Übrigens brauche ich auch eine Toilette, ich bin zu alt für die Büsche. Fürchterlich. Büsche. Hatte ich schon den weißen Sand erwähnt? Ein Steinstrand ist ja etwas Entsetzliches. Ich bin ja kein Fakir. Weißer Sand muss es sein, schön weich und kleinkörnig, der aber das Wasser gut aufnimmt, damit die Kinder Burgen bauen können. Licht muss er geben, reflektieren muss er können. Schön wäre es auch, wenn es an ein paar Stellen Muscheln gäbe. Die Burg will ja auch dekoriert werden. Ich möchte mit meinen Kindern ausgefallene Muscheln suchen. Und wichtig ist mir auch, dass ich keinen tiefen

Übergang vom Strand ins Wasser habe, seicht muss es einen hinausziehen. Sollte man sich in einer kleinen Bucht befinden, wäre es schön, es gäbe an den Außengrenzen leichte Steinwälle, an denen die Kinder wie junge Bergziegen entlangklettern könnten, ohne dass Gefahr bestünde. Diese Steinwälle ziehen in meiner Vorstellung leicht ins Meer hinaus. Kleine Wellen schlagen gegen ihre weiche oder raue Steinoberfläche, kleine Rinnsale und Bächlein bilden sich, wenn sich die Wellen wieder leicht ins Meer zurückziehen. In ihnen können meine Kinder und ich das Leben beobachten, die Meerestiere unter die Lupe nehmen. Hier spielen sich das Meeresleben und der Einklang mit der Natur vor unseren Augen ab. Kleine Schalentiere laufen umher, ein Krebs flüchtet um die Ecke, die Miesmuscheln machen ihre Mündlein zu, die Meeresalge bewegt sich im seichten Wasser, farbenfroh tänzeln die kleinen Fischlein umher, die Sonne spiegelt sich in der glatten Oberfläche des Meerparadieses und verwandelt die Steine am Ende dieser Bucht in funkelnde Diamanten, die über Jahrtausende gewachsen auf den Besuch unserer Familie warteten. Ich komme zur Ruhe, unsere Kinder kommen zur Ruhe, Herr Karl vergisst den Klaus. Meine Hände wurden schon ganz schwitzig, mein Herz machte einen leichten Hüpfer. Die Vorfreude auf das nahende Glück steigerte sich ins Unermessliche.
Endlich waren wir auf dem Weg dorthin, endlich! Das Paradies war nah! Ein verwunschener Weg durch die Klippen sollte zur hauseigenen Bucht führen. Ich roch schon die frische Meeresbrise, und nach meinem Mittagsschlaf war ich auch herrlich ausgeruht. Herr Karl, ganz Gentleman, hatte schon die Buben geholt bezie-

hungsweise aus dem Kiddy-Club gezogen. Gerade hatten sie den Tanz zum *Pinguin-Rap* einstudiert, ein ganz schlechtes Timing …! Er hatte auch die ausgeleierte, unansehnliche, peinliche Strandtasche gepackt. Na wunderbar, ich bin kein eitler Mensch, und doch spüre ich, dass ich für das Schöne im Leben einen Blick habe. Innen hui, außen pfui mag ich einfach nicht, so wie diese Strandtasche, sie war einfach nur hässlich. Ich wollte auch so aussehen wie diese Familien aus den Werbungen, die am Strand herumsprangen. Super gekleidet, zart rosige Lippen, vom Wind leicht zerzaustes Haar. Die Kinder tollten um einen herum, ohne dabei auf Füße zu treten (so wie meine).

Ich hob meinen Kopf und schob meine Nase in den Wind, und da war sie schon, die Brise. Endlich, der Geruch des Meeres, die Erfüllung meiner Träume nahte! Doch halt, Moment. Was war das? Drehten meine Sinneszellen komplett durch? Ich roch keine frische Meeresbrise, sondern eher etwas faulig Verwestes. Das kam sicher nicht vom Meer, das konnte gar nicht daher kommen. Während ich einige Stoßgebete an Gott richtete, hörte ich schon meinen Großen: »Wieso können wir nicht bei den netten Damen bleiben?«
»Genau, Mama, da viel lustiger als hier«, warf der Kleine ein.
»Ihr Lieben, wir sind ans Meer gefahren und nicht in einen Kiddy-Club. Ich möchte ans Meer. Ich suche den Strand, ich brauche die Brise. Ich brauche die Weite, ich brauche den Horizont, in dem die Sonne im Meer versinkt. Ich brauche …«
»Uhlig! Es sind Kinder. Kannst du es nicht mit einfachen

Worten erklären?« Ich verstand nicht, was Herr Karl meinte.
»Schau, Uhlig!« Herr Karl wandte sich den Buben zu: »Die Mama möchte mit euch eine Sandburg bauen.«
»Aber wir haben doch gar kein Sandspielzeug!«, warf der Große ein.
»Wir schauen uns jetzt den Strand an, und dann kaufen wir schönes Sandspielzeug«, antwortete Herr Karl motiviert.
»Wo denn, Papa?«, fragte der Kleine.
»Na, in dem Laden, ihr Süßen, wo auch das Krokodil hängt«, erklärte ich, um auch etwas Kluges beizutragen.
»Danke für die Mitarbeit, Uhlig!«, zischte Herr Karl.
»Au ja, das ist ja super. Dann kriegen wir das Krokodil.«
»Krokodiiil, Krokodiiil«, quietschte der Kleine.
»Also los«, der Große zog den Kleinen mit sich fort.
Herrlich, es war schon fast wie in meiner Werbung, nur der Geruch irritierte mich. Um die nächste Biegung, da musste es dann gleich sein, das Meer, das spürte ich. Ich wurde immer aufgeregter. Vielleicht war ich kein Vampir, sondern eine Meerjungfrau, auch wenn ich in keinem fließenden offenen Gewässer schwimme, denn was könnte mich denn da nicht alles nach unten ziehen … Aber das Meer zieht mich in seinen Bann. Vielleicht bin ich auch das letzte Einhorn, das vom roten Stier ins Meer getrieben wird, zu den anderen, die zur Schaumkrone der Wellen geworden waren. Das Meer, die große Kraft, die größte Fläche der Erde. Manchmal weiß ich ja doch etwas über Geografie, dachte ich. Gerade wollte ich Herrn Karl auf den inspirierenden Einfluss des Meeres hinweisen, als er mich auf zwei Personen hoch oben in den Dünen aufmerksam machte. »Schau mal, Uhlig«,

hörte ich Herrn Karl neben mir ein Lachen unterdrücken, »das sind die wirklich schlanken Hasen, von denen Erwin gesprochen hat.« Hans-Georg und Gertrud marschierten ungefähr hundert Meter winkend an uns vorbei und riefen uns etwas gegen den Wind zu. »Was rufen die, Karl?« »Keine Ahnung, Uhlig, einfach winken und lächeln.« »Aber die wollen uns doch was sagen, Karl.« »Vielleicht, dass du Sport treiben sollst, Uhlig.«
»Karl?«
Herr Karl lief feixend davon. Die wollten uns etwas mitteilen, da war ich mir ganz sicher. Ich musste sie fragen, wenn wir sie wieder treffen würden. Ich streifte mir die Flip-Flops ab, folgte Herrn Karl und sprang behände dem Strand entgegen. Herrlich! Wie in meiner Werbung. Leider bekam die Werbung umgehend einen Riss.
»Mama, da ist alles ganz dreckig hier«, rief mein Großer.
»Schau mal, toter Fisch«, schrie der Kleine.
»Nicht! Fasst ja nichts an!«
Ich legte erst einmal einen Spurt zu meinem Kleinen hin. Meine Füße klebten. Igitt, was war denn das?
»Karl, hier ist überall Teer am Boden.«
Herr Karl kam näher, in der Hand hielt er diverse Plastikabfälle. Mein Großer bohrte mit einem Stock etwas weiter entfernt in einem vom Meer angespülten Haufen.
»Was machst du da?«, schrie ich ihm gegen den Wind zu.
»Hier sind überall Glibberhaufen!«, schrie er zurück.
»Was denn für Glibberhaufen?«, rief ich Böses ahnend.
Aus der Entfernung konnte ich nur Algen mit Dreckschaum rundherum ausmachen. Überhaupt sah man Algen, so grünliches Zeug und dreckigen Schaum im Meer schwimmen. Ich musste zu meinem Großen, schnell! Oh nein, ich hatte es befürchtet. Bitte nicht!

»Oh, Glibber, Glibber!«, jauchzte da mein Kleiner schon vergnügt.
Aus den Augenwinkeln sah ich gerade noch rechtzeitig, wie er im Begriff war, mich von links zu überholen, um sich mit bloßen Händen auf den Haufen von Feuerquallen, in denen der Große herumstocherte, zu stürzen. Ich packte ihn geistesgegenwärtig und hielt ihn fest. Feuerquallen. Ich hatte es befürchtet. Qualle vor Malle!
»Karl! Oh Gott, hier ist alles voller Quallen! Eine Quallenplage! Und hier ist kein feiner Sand, wie die Reisefachverkäuferin beschrieben hat, alles scharfkantige Steine und dann noch die Quallen. Kein Wunder, dass hier niemand liegt. Und ich sag dir, jetzt weiß ich, was uns Gertrud und Hans-Georg sagen wollten.«
Herr Karl ließ seinen Blick zu einer vereinsamten Hütte mit angeketteten Liegestühlen in der Ecke der Bucht schweifen. Es stank entsetzlich. Nein, hier konnte man nicht bleiben. Das gab es doch nicht? Das konnte doch nicht sein, dass das der einzige Strand war, ein Strand mit einer Quallenplage. Hubertus. Ich musste dringend zu Hubertus, mit ihm war ich ja sowieso verabredet wegen der Hotels, und die Quallen gehörten auch umgehend geklärt. Ihn musste ich fragen, was hier schiefgelaufen war und seit wann es hier Quallen gab. Es gab weit und breit keine Warnschilder, die auf die Quallenplage hinwiesen. Sie müssen den Strand doch säubern, das ist doch gefährlich! Nicht auszudenken, wenn meine Kinder in die Quallen gefallen wären! Gut, die Feuerqualle ist ja nicht so gefährlich wie die Würfelqualle. Ich erinnerte mich an eine Würfelquallenplage in Thailand. Die Würfelqualle ist überhaupt das Gefährlichste. Die Quallen wurden damals von Australien bei Westwind nach Thai-

land an den Strand gespült. Aber dort gab es Warnschilder, hier wurde man ohne Rücksicht auf Verluste ins Verderben geschickt. Ich war fassungslos. Das darf's doch gar nicht geben! Okay, was nun? Hilflos schaute ich zu Herrn Karl. Er stand einfach da, schaute mich an, und seine Mundwinkel zuckten wieder verdächtig.

»Karl, ich geh jetzt zu Hubertus.« Das musste ich ja sowieso, dachte ich.

»Tu das, Uhlig. Und noch was! Uhlig, ich sag dir was, und euch Buben sag ich's auch: Wir gehen jetzt zurück, der Papa kauft euch das Krokodil und trinkt einen schönen Espresso. Danach setzen wir uns ins Auto. Gut, dass wir den Mietwagen für die ganze Zeit gebucht haben, nicht nur für zwei Tage, nicht wahr, Uhlig? Und da warten wir auf die Mama. Die Mama muss nämlich kurz zu dem netten Mann rein und klären, wo wir den nächsten schönen Strand ohne Quallen finden, dann muss die Mama meinen Reiseführer mit der Karte holen. Ab jetzt beginnt der Urlaub! Es wird herrlich! Ich versprech's! Ach, Uhlig, und frag doch gleich mal nach, wo man heute Abend gut essen gehen kann, jetzt hab ich Appetit auf Meerestiere bekommen. Den Restauranttipp von deinem neuen Freund kann ich dann mit dem Reiseführer abgleichen.«

Er drehte sich um und verschwand mit den Buben.

»Ich hab dich auch lieb, Karl!«

Er hob die Hand und winkte zum Gruß.

Frau Uhlig geht fremd

Hubi hatte mir versichert, dass die Quallenplage eine Ausnahme vor der Ostküste Mallorcas sei und genauso schnell, wie sie gekommen war, auch wieder verschwinden würde. Er versprach mir, dass wir bereits am nächsten Tag wieder ohne Bedenken den Badespaß im Meer genießen könnten. Wie die toten Fische an den Strand kamen, besprachen wir vorsorglich nicht. Aber Hubi hatte tolle Neuigkeiten. Vier Hotels, in die wir wechseln könnten, hatte er gefunden, und damit nichts schiefging, wollte er mich begleiten. Klartext: Er hatte nur auf mich gewartet, das Auto stand schon bereit, und unsere Expedition »Hotel zum Glück« konnte beginnen. Einziges Problem: Herr Karl wusste noch nichts von meinem Vorhaben. Erstens, das Hotel zu wechseln, und zweitens, dass ich nicht mit ihm, sondern mit Hubi die vier Wechselkandidaten unter die Lupe nehmen wollte. Und zu guter Letzt hatte ich auch den beknackten Reiseführer nicht gefunden. Reumütig und leicht verzweifelt kehrte ich zu Herrn Karl und den Buben zurück. Herr Karl saß hoch motiviert vor dem Hotel und studierte mit erfreuter Miene den für mich unauffindbaren Reiseführer. Na wunderbar, da konnte ich ja lange suchen. Aber jetzt nicht ärgern, sondern Augen zu und durch. Ich hatte eine Mission.

»Karl?«

»Uhlig?«

»Karl.«

Schweigen.
»Karl?«
»Okay, Uhlig, jetzt bin ich alarmiert.«
Schweigen.
»Wir wechseln.«
»Was?«
»Eh nur vielleicht.«
Schweigen.
Herr Karl starrte mich an. »Oh nein, Uhlig. Nein.«
»Doch.«
»Muss das jetzt sein? Wir haben doch hervorragend geschlafen. Das Zimmer ist doch total okay. Okay, zu laut, aber okay. Einen Tod muss man sterben, Uhlig.«
»Nein.«
»Warum, Uhlig?«
»Weil ich den Urlaub sonst nicht genießen kann. Lass mich wenigstens schauen, was wäre, wenn …«
»Und was ist, wenn …? Uhlig?«
»Dann wird gewechselt«, flötete Hubi von der Seite.
»Verstehe«, sagte Herr Karl.
»Kommt, Buben, wir machen uns jetzt einen großen Krokodilspaß am Pool drei, da ist am meisten los. Nicht wahr, Uhlig? Herr von Haltermeier, was gibt es denn heute Schönes zu essen im Hotel?«
»Sie haben Glück, Herr Karl, heute ist der amerikanische Abend mit Chicken Wings, Pommes und Burger satt.«
»Genau nach meinem Geschmack«, antwortete Herr Karl. »Oh ja! Burger, Burger!«, warf der Große ein. »Ich will die Pommes, ganz viel«, rief der Kleine. »Aber Karl, vor dem Abendessen bin ich ganz sicher zurück, und dann können wir doch noch schauen, wo wir essen gehen«, versicherte ich hastig. »Nein, Uhlig, nein. Lass dir

Zeit, ich bitte dich«, flötete Herr Karl. »Ist doch herrlich! Amerikanischer Abend, deswegen sind wir ja nach Spanien geflogen. Macht's euch schön und habt viel Spaß. Wir werden ihn sicher haben, wir können uns hier vor Spaß gar nicht retten. Los, Buben, los! Der Papa braucht noch ein Basecap, damit man die Kleiderordnung beim Abendessen einhält.« Er drehte sich auf dem Absatz um, schnappte die Kinder, und weg war er.

»Ist er verstimmt?«, fragte Hubi.

»Nein«, antwortete ich, »das ist sein Humor.«

Wie ein Hund nahm ich die Spur auf. Hubi und ich zogen los und fuhren über die halbe Insel. Endlich sah ich etwas von der Insel, sie war wunderschön! Herr Karl wäre auch begeistert gewesen.

Nach der ersten Hotelbesichtigung saßen wir im Auto und zogen Resümee. »Und, wie fandest du das gerade, Elena?«

»Ich weiß nicht, Hubi. Was meinst du?«

»Ich bin ehrlicherweise ein bisschen erschrocken. Es hat sich in den letzten zwei Jahren nicht zum Guten entwickelt, finde ich. Aber es war mal eins der ersten Häuser auf der Insel.«

»Ich finde ›es war‹ trifft es ganz gut, Hubi.«

Wir beide mussten lachen.

»Und jetzt?«

»Schauen wir weiter, Elena.«

Hubi gab Gas. Jetzt hatte ich Zeit, etwas von ihm zu erfahren. »Warum bist du auf Mallorca, Hubi?«, fragte ich ihn neugierig aus.

»Der Liebe wegen hergezogen, dann mit gebrochenem Herzen geblieben, die Scherben mühsam wieder zusammengeklebt, um nach Hause zurückkehren zu können.

Absurderweise traf mich in letzter Minute am Flughafen der Blitz der Liebe erneut, und der Flieger hob ohne mich ab. Jetzt kann ich nicht mehr weg, weil ich spätestens am Flughafen von meinem Liebsten gestoppt werde, er arbeitet dort nämlich.« Er lachte. »Ich bin also verdammt, auf Ewigkeit auf dieser Insel zu bleiben ...«
»Oh, wie schön, Hubi, das hört sich ja wie eine große wahre Liebesgeschichte an!«, platzte es aus mir heraus. Ich hing an seinen Lippen. »Weitererzählen, bitte!«, flehte ich.
»Was soll ich denn noch erzählen?«
»Na alles. Was macht er genau? Arbeitet er noch am Flughafen? Wo ist er? Wohnt ihr zusammen?«
Wieder lachte Hubi. »Mittlerweile hat er den ganzen Flughafen unter Kontrolle, und ich habe kein Schlupfloch mehr, durch das ich ausbüxen könnte.«
»Willst du das denn, Hubi?«
»Ja, manchmal schon. Da befindet sich mein zusammengeklebtes Herz auf der Flucht. So, jetzt aber aussteigen, Principessa! Da ist unsere nächste Bleibemöglichkeit.«
Ich starrte zu dem Hotelbunker, vor dem wir gerade geparkt hatten.
»Oh mein Gott!«
»Es ist besser, als es aussieht«, versicherte mir Hubi.
Aber das war es leider nicht, und auch die anderen zwei Möglichkeiten zum Wechseln überzeugten mich nicht. Nicht, dass wir das beste Hotel hatten, aber die Alternativen des Reiseanbieters, die noch frei waren, waren auch nicht besser, fand ich.
»Hubi, es tut mir leid.« Resigniert und leicht erschöpft zogen wir Stunden später nach der Besichtigung des letzten Hotels wieder im Auto Bilanz, besser gesagt, ich redete. »Nicht, dass ich schwierig bin, Hubi. Nein,

Quatsch, ich bin sehr schwierig. Brauchst mich gar nicht anzuschauen, ich bin äußerst kompliziert, ich weiß, und das wird im Alter auch nicht besser, im Gegenteil. Aber es hat nichts mit meinem Beruf zu tun. Siehe Herr Karl, der ist überhaupt nicht schwierig. Ich ja. Ich hab die doppelte Portion, was rede ich, den dreifachen, vierfachen, zehnfachen Schwierigkeitsgrad abbekommen.« Mitleid erheischend schaute ich ihn an. »Vielleicht wäre es das Beste, die Situation so zu belassen, wie sie ist, und von dem Geld, das wir draufzahlen würden, gehen wir einfach jeden Tag schön essen und erkunden die Insel. Was denkst du?« Ohne eine Antwort abzuwarten, fuhr ich weiter fort: »Wenn wir jetzt wechseln, eine Menge draufzahlen müssten und dann merken würden, dass wir uns verwechselt haben, können wir womöglich nicht mehr wechseln, stecken fest und sind total frustriert. So aber weiß ich, man könnte, tut es aber nicht. Ich weiß, dass wir das beste Hotel für uns in diesem Moment jetzt haben. Ich wiederhole mich. Fakt ist, Hubi, diese Tour war wichtig. Danke! So! Nun bin ich aber total erschöpft und brauche was zu essen.« Oh Gott, Essen. Mir fuhr der Schreck durch die Knochen. Herr Karl würde mich vierteilen. »Hubi, wie lange brauchen wir zurück?«
»Eine Stunde.«
»Und wie spät haben wir's jetzt?«
»Zwanzig Uhr dreißig.«
Oh nein.
Das Restaurant im Hotel war längst geschlossen. Ich schlich ins Zimmer, an den schlafenden Buben vorbei. Herr Karl saß im Dunkeln auf der Terrasse und rauchte eine Zigarette. »Uhlig, ich hab dir was mitgebracht. Das ist zwar kalt jetzt, aber es war auch warm nicht gut …«

Frau Uhlig sucht einen Strand

Warum immer in die Ferne schweifen, wenn das Gute doch so nah? Herr Karl, ich und die Buben wollten am nächsten Tag einen wirklich schönen Strand finden, natürlich ohne Quallen. Beim Frühstück, das wir diesmal tatsächlich kurz vor neun Uhr erreicht hatten, las Herr Karl im Reiseführer, welche Sandstrände uns heute erwarten könnten. Sein Favorit war Es Trenc – Mallorcas angeblich schönster und längster weißer Sandstrand, naturbelassen, geradezu unberührt, hinter einem der größten Naturschutzgebiete Mallorcas. Ein bisschen Infrastruktur wäre schon schön, dachte ich da nur. Wir können doch nicht einfach zu diesem Strand fahren, uns dort durch die Dünenlandschaft schlagen und dann unsere Handtücher ausbreiten. Gut, der Reiseführer und Hubi, den wir vorhin vor dem Frühstücksraum trafen, empfahlen diesen Strand. Und die konnten sich nicht irren, die kannten sich doch hier aus. Aber trotzdem: Ich musste doch wissen, wie es um die sanitären Anlagen bestellt war. Gab es überhaupt welche? Gab es Imbissbuden, Restaurants in der Nähe? Und was heißt hier eigentlich naturbelassen? Hilfe! An einem einsamen Strand konnte alles passieren. Oh Gott … Oh Gott, mir fiel Irland ein. Die Angst kroch schleichend, aber stetig den Nacken hoch. Als wir unseren Spiekeroog-Urlaub abblasen mussten, landeten wir in Irland. Herr Karl drehte dort, und oh Wunder, oh Wunder hatte er vorher eine Woche

frei. Ich weiß nicht mehr, welcher Teufel mich damals ritt, auf jeden Fall verbrachte ich Abende im Internet, um die wirklich besondere Ferienunterkunft in Irland herauszufinden, denn leider findet man so etwas ja nicht im normalen Reisebüro. Auch die Produktion und der liebe Klaus waren dran, aber ihnen keine fünf Cent über den Weg trauend, übernahm ich die Regie. Die haben ganz andere Ansprüche, außerdem fuhren sie auch nicht hin, wir fuhren. Allein. Die würden sicher das eine oder andere Auge zudrücken und mehr das andere als das eine. Schrecklich, und ich würde dann in dieser Unterkunft sitzen, welche mit zugedrückten Augen gebucht worden war. Dabei würde es mir sehr schlecht gehen. Ich würde mich mit Herrn Karl streiten, der ohnehin der Ansicht ist, mir sei nie etwas gut genug, nur er wäre ganz bedürfnislos. Bedürfnislos ist ein Reizwort für mich. Schon meine Oma war immer ganz bedürfnislos: Hauptsache, die Patienten hatten es gut, ihr war alles recht. Wieso war ich in meiner Umgebung immer die Einzige, die Bedürfnisse hatte? Und schon war ich wieder schwierig. Vielleicht musste ich Herrn Karl noch einmal daran erinnern, dass er sich in mich verliebt hat. Das war ihm auch ein Bedürfnis, da war ihm kein Weg zu weit ... Aber jetzt war er plötzlich bedürfnislos?
Im Stillen hatte es ihm ganz gut gepasst, dass ich die Regie bei der Unterkunftsplanung übernahm und darin alles andere als bedürfnislos war, die Annehmlichkeiten nahm er dann schon ganz gerne an. Ich finde ja, dass ich mich selten irre. Ich habe ein wirklich gutes Gespür, ein ästhetisches Empfinden, einen Riecher, einen wirklich guten Riecher für Schönes. Eigentlich war ich Zwerg Nases Schwester. Das Problem ist einfach, dass auch ich

manchmal auf den Schein reinfalle und so gerne dem Angebot glauben mag. Ich möchte so gerne träumen, dass alles perfekt ist, und nur so konnte mir die Irland-Episode passieren. Ein Wunder, dass wir alle überlebt haben. Angesteckt durch Herrn Karls Drang nach Einsamkeit, Ruhe, springenden Forellen im Bach und der Weite Irlands hatte ich mich dazu hinreißen lassen, es sogar selbst als großartige Idee empfunden, nach einsamen Häusern an der Klippe zu suchen. Häuser, die man sonst nur aus Krimis oder Mystery-Thrillern kennt, wo nachts der Geist mit wehendem Haar an der Klippe steht, weil er keine Ruhe findet. Die Frau mit gebrochenem Herzen wandelt seit zwei Jahrhunderten als Untote durchs Haus, mittlerweile verbittert und böse. Ständig kämmt sie ihre Haare, und dabei erklingt ihre trauernde Wehmut wie auf einer Violine. Und ich sage Ihnen, die Lorelei ist ein Scheißdreck dagegen. Nach solchen Häusern habe ich gesucht. Da, wo in der Nacht das Böse passiert. Am Tag der Frieden selbst: der raue Wind, die wilde Brandung, die gegen den abgewetzten Steilhang schlägt, die blühenden Sommerwiesen, über die ein leichter Schatten zieht. Schon Marlene Dietrich hat die Sommerwiesen besungen: »Sag mir, wo die Blumen sind«. Geht auch nicht gut aus. Am Ende des Liedes stehen Blumen blühend im Sommerwind, aber was ist dem alles vorangegangen? Die Gräber, die Gräber, über die der Wind zieht, und in ihnen ganz viele Tote, die Frauen geschändet haben. Das alles hätte ich wissen müssen. Aber in großer Liebe zu Herrn Karl habe ich den Zweifel weggewischt und das leichte Unwohlsein auf das Essen geschoben. Er wollte es doch so gern, das Haus. Er träumte schon davon – von seinem einsamen Haus an den Klippen. Oh mein Gott, und dann hatte ich es gefunden. Ein kleines Cottage, erbaut Anfang des siebzehnten Jahrhunderts, stand hoch oben auf den Klippen, davor eine Ruine, an einem Steilhang ging es runter zum Meer – durch einen verwilderten Rosenbogen, verwachsen, überwuchert der kleine Weg, ein rostiges altes Gartentor, das quietschend nur noch in einer Angel hing, bis der Trampelpfad in den Strand mündete. Was sollte es denn abhalten, dieses kleine Tor? Achthundert Meter Strand, Privatstrand, quallenfrei. Niemand da. Nur Wasser, Wellen, Wind und kreischende Möwen. Ein Robbenbaby lag einsam zwischen den Felsen. Herr Karl war fassungslos ob solch einer Schönheit. Ich sorgte mich um das Robbenbaby, wo war denn die Mama, denn ich fühlte mich – nicht nur figurmäßig – der Robbe sehr verbunden. Ich hielt meinen Großen fest, der unbedingt zum Baby wollte. Hatte die Robbe nicht scharfe Zähne?! Aber zurück zum Anfang der Geschichte: Wie gesagt, ich fand dieses Haus und zeigte es Herrn Karl. Ich glaube, sein Herz setzte mindestens einen Schlag aus, als er das Bild betrachtete. Ich weiß nicht, was er gedacht hatte, aber vielleicht fühlte er sich endlich angekommen. Seine alte Seele würde Ruhe finden, das Haus zog ihn magisch in seinen Bann. Ich sah das nahende Unheil nicht, alles erschien rosarot. Natürlich war das Haus ausgebucht, aber – Mystery, Mystery – auch dieses Zeichen sah ich nicht, es war auch bereits zu spät, es hatte begonnen: Es gab einen Krankheitsfall. Alles passte. Herr Karl sprach nur noch von dem Haus und erblühte in wilder Liebe zu mir. Er hatte sich in mir getäuscht und musste Abbitte leisten. Bis jetzt hatte er gedacht, all seine Träume von der wilden Natur und der Freiheit nicht mit mir leben zu können, da ich immer nur in der Zivilisation, nah am

Touristenoffice, logieren wollte. (Nach der Geschichte wird auch klar, warum – deshalb auch Malle jetzt.) Aber nun dieses Haus und dass ich es gefunden hatte, führte alle seine zurechtgelegten Vorurteile ad absurdum. Sein Glaube und seine Kraft versetzten auch mich in einen wahren Strudel der Selbstüberschätzung. Je einsamer, verlassener, verwunschener und gefährlicher, desto besser, dachte ich. Die Märchenprinzessin war es, die in meinem Inneren nach mir rief. In dem Moment wäre ich sogar bereit gewesen, mit ihm als Selbstversorgerin nach Alaska zu den Bären zu gehen. Die Vorstellung, mit wehenden blonden Haaren singend am höchsten Punkt der Klippe zu stehen und das Muskelspiel meines Prinzen zu beobachten, wie er sein Fischerboot an Land zieht, versetzte mir Stromstöße.

Und dann war er plötzlich da

Uhlig, wo geht's denn jetzt lang?«, blaffte mich Herr Karl an.

»Papa, sind wir bald daha?«, plärrte es von hinten.

Wir saßen im voll bepackten Auto, in einem Mietauto der Filmproduktion. In der Hand hielt ich zwei Zettel, die die Wegbeschreibung darstellen sollten. Ich habe einen wahnsinnig guten Orientierungssinn, umso verwirrender die Situation, dass wir schon das zweite Mal an der Malven Road vorbeikamen.

»Ich weiß es nicht, Karl! Hier steht der Straßenname Untarred Road und davor muss ein Brunnen stehen, vor dem Straßenschild. Aber wir sind an der Malven Road. Und hier muss irgendwo so ein Tor sein.«

Verzweifelt schaute ich wieder auf meine ausgedruckte Wegbeschreibung, die eine Handzeichnung des Vermieters war. Im Navi gab's auch keine Untarred Road. Immer wenn ich etwas in das Navi eingab, kam eine Fehlermeldung.

»Uhlig, lass mal sehen.«

Herr Karl stieg auf die Bremse und lenkte das Auto zur Seite.

»Pass auf! Da geht's abschüssig runter!«

»Willst du fahren, Uhlig?«

»Sind wir schon da, Papa?«

»Gleich, Jungs. Der Papa muss mal kurz auf die Karte schauen. Lass mal sehen, Uhlig.«

»Bitte. Wenn du meinst, du kannst es besser.«
Herr Karl ging auf meinen Einwand gar nicht ein und entzog mir das Papier.
»Hier, Uhlig! Da hätten wir links gemusst! An dem Bauernhof vor der Scheune links.«
»Sind wir doch.«
»Nein, rechts. Wir sind rechts abgebogen. Du hast rechts gesagt.«
»Ich hab ganz sicher nicht rechts gesagt!«
»Aber gezeigt, du hast rechts gezeigt.«
»Und wenn ich links sage, wieso fährst du dann rechts?«
»Weil du nach rechts gezeigt hast, Uhlig.«
»Jetzt bin ich schuld, oder wie, dass wir da falsch gefahren sind? Aber ist doch völlig egal, ob man da rechts oder links abbiegt, man kommt immer wieder zur Malven Road. Da, schau genau auf den Plan, Karl.«
»Papa, wann sind wir endlich daha?«
»So, jetzt einmal Ruhe, der Papa muss sich konzentrieren«, rief ich zu meinen Buben nach hinten. »Soll ich fahren?«
»Nein, Uhlig. Ich fahr jetzt, und du liest vernünftig die Karte«, und damit ließ Herr Karl den Motor aufheulen. Auch schon lange nicht mehr Schaltung gefahren, der Mann, schoss es mir durch den Kopf. Wir fuhren weiter durch die wilde Landschaft. Als wir wieder auf die Hauptstraße kamen, bog Herr Karl verwegen in die andere Richtung ab.
»Was machst du denn da?«
»Wart's ab, Uhlig«, und zack hatte er einen U-Turn hingelegt. Aha, jetzt verstand ich, er hatte die Umfahrung kurzerhand abgekürzt. Denn wären wir jetzt anders abgebogen, hätten wir wieder die gesamte Schleife fahren

müssen, bis wir zu diesem Bauernhof kamen, wo ich angeblich falsch gezeigt hatte. Aber er würde schon sehen. Ich brauchte gar nichts sagen, Herr Karl machte alles in Eigenregie, und schwups standen wir wieder vor demselben Straßenschild, Malven Road. Herr Karl stieg aus dem Auto und knallte die Tür zu.

»Das gibt's doch nicht, das kann doch gar nicht sein. Uhlig, jetzt komm doch mal raus mit dem Plan!«

»Ist der Papa böse?«

»Nein, dem Papa ist nur heiß, er braucht frische Luft.«

»Jaa! Wir auch!«

»Nein! Ihr bleibt jetzt kurz hier sitzen, und wir schauen draußen auf die Karte.«

Umständlich kroch ich aus dem voll bepackten Auto heraus. Gut, ich durfte nichts sagen, die Idee vorhin, in der großen Mall einzukaufen, war meine gewesen. Herrn Karls Vorschlag, erst einmal zum Haus zu fahren und anzukommen, hatte ich abgelehnt. Was für ein Quatsch, da mussten wir zweimal fahren, und wer weiß, ob wir den Weg zur Mall wiederfanden. Herrlich, ich liebte Supermärkte in fremden Ländern, da überkam es mich immer. Ich hatte auch sicher nicht zu viel eingekauft, ich wusste ja, was unsere Kinder aßen. Nur war leider der Platz im Auto etwas rar durch unsere vielen Koffer, und deshalb musste ich die Einkaufstüten vorne bei mir verstauen. Dementsprechend schwierig war das Kartenlesen. Herr Karl ging unruhig auf und ab, schnappte sich aus meiner Hand den Zettel mit dem gezeichneten Lageplan und drehte sich um die eigene Achse. Ich behielt die Wegbeschreibung.

»Okay. Norden ist da.«

Er drehte den Zettel.

»Wir suchen ein Gatter und einen Brunnen.«
Er schaute zur Linken, dort lag eine Viehweide, neben dem Gatter war eine Tränke angebracht. Er drehte sich weiter nach links, wo sich eine kleine Abzweigung befand. Dort stand das Straßenschild, nach wie vor waren wir in der Malven Road.
»Siehst du, und das ist falsch. Hier auf der Wegbeschreibung steht«, ich schaute auf meinen Zettel, »nicht Malven Road, sondern Untarred Road.«
»Uhlig, was steht da genau?«
»Untarred Road, Karl!«
Herr Karl schnappte sich nun auch meine zweite Wegbeschreibung und drehte sich wieder zur Viehweide. Er stand da, der Wind zerzauste sein Haar. Mein Held, er fand es heraus. Wir mussten komplett falschliegen, denn wir waren im Moment noch mindestens drei Kilometer vom Meer entfernt, und das Haus stand doch an den Klippen.
»Uhlig?«
Langsam, ganz langsam drehte er sich zu mir um. »Untarred Road, Uhlig …«
»Ja, Karl?« Mir schwante Unheilvolles.
»… ist kein Straßenname, sondern eine ungeteerte Straße. Der Brunnen ist eine Tränke, und hier ist auch das Gatter eingezeichnet.«
»Ja, und nun?«
»Nun fahren wir auf die Viehweide.«
»Was?!«
Herr Karl war schon wieder auf dem Weg zum Auto.
»Mach das Gatter auf, Uhlig, und schließe es wieder.«
Ich stand da wie angewurzelt. Das war ja schlimmer, als ich es mir bisher hätte vorstellen können. Umständlich

bediente ich das Gatter und zwängte mich unter viel Gewese in das voll bepackte Auto. Herr Karl reichte mir die zwei Zettel wieder und gab langsam Gas.

»Schau, Uhlig, da steht alles ganz genau. Schau dir die Zeichnung noch mal an. Jetzt versteht man alles!«

Er begann zu lachen, und ich starrte auf meine Zeichnung. Das konnte doch nicht wahr sein. Mir fiel es wie Schuppen von den Augen.

»Warum lacht der Papa so, Mama?«

»Das weiß ich auch nicht, mein Lieber. Der Mama ist auf jeden Fall nicht zum Lachen zumute.«

Laut Plan sollten wir ab jetzt drei Meilen, das sind ungefähr fünf Kilometer, dieser ungeteerten Straße folgen, ins Nichts. Aber das war keine Straße, das war Wiese. Die beschränkten Bahnübergänge, die ich vorher aus der Wegbeschreibung herausgelesen hatte, waren Gatter, die eine Viehweide von der nächsten trennten. Die drei Bäume auf der Zeichnung entpuppten sich als dunkler Nadelwald. Mir wurde angst und bang. Wir waren im Niemandsland. Und dann plötzlich, aus dem Nichts, tauchten die Klippen auf. Und da war es: unser kleines verwunschenes Cottage, umgeben von einem riesigen alten Rosengarten. Mir wurde beinahe schwarz vor Augen. Ich musste etwas essen. Herr Karl und die Buben sprangen aus dem Auto und liefen beglückt zu den Klippen. Auch ich schälte mich aus dem Beifahrersitz. Ruhe bewahren, Ruhe, erst einmal anschauen, nicht gleich durchdrehen, Uhlig! Denn in der Tat musste auch ich zugeben, dass ich selten an einem schöneren Ort gewesen war. Es war unfassbar schön. Dass die Tür kein richtiges Schloss hatte, fiel mir auch gar nicht auf. Die Fensterläden waren richtig alt, türkis gestrichen und eher eine

Zierde als ein Schutz. Auch der kleine Anbau, zu dem man durch die Küche gelangte, wo das Klo und das Bad waren, begeisterte mich sehr, denn die Front zum Meer hin war komplett verglast, und die Glastür hatte einen kleinen Vorschieberiegel, den man sonst bei Toiletten einbaut. Auch hatten die Iren herrlich dünnes Glas, keine Sicherheitspanzerdreifachlärmschutzverglasung, nein Glas, das einem das Gefühl vermittelte, mitten in der Natur und nicht daneben zu stehen. Im ersten Stock musste ich den Kopf einziehen, alles war niedrig und schief. Auf den Betten lagen dicke Federplumeaus. Was wollte man denn mit denen, es war doch herrlich warmer August, Hochsommer! Und wo war denn hier oben das Klo? Drei Schlafzimmer, aber kein Klo? Egal, das wird schon irgendwie gehen, dann muss ich halt runter. Herrlich! Die Kinder würden diesen Platz lieben. Oh, was war denn das für ein Geräusch? Kurz durchzuckte mich ein Schauer. War das ein Schrei? Hatte da jemand geschrien? Ich blieb still stehen und lauschte. Wo überhaupt waren denn der Herr Karl und die Buben? Sie werden doch nicht ohne mich zum Meer gegangen sein. Ha! Wieder dieses Geräusch. So schnell mich die Beine tragen konnten, lief ich aus dem Haus durch den Garten zu den Klippen. Auspacken konnte ich später noch. Erleichtert erblickte ich meine Familie, sie waren einfach ohne mich zum Strand gelaufen. Ich stand auf den Klippen mit wehendem Haar und schaute zu ihnen hinunter. Herr Karl musste meinen Blick gespürt haben. Er drehte sich zu mir, die Brandung peitschte gegen die Klippen, der Wind zerzauste sein Haar. Er breitete die Arme aus und schrie zu mir hoch: »Uhlig, ich danke dir. Es ist herrlich hier!«

Und die Nacht kam

So sicher wie das Amen in der Kirche ist auch die Nacht, die auf den Tag folgt. Wenn die Sonne untergeht, dann geht der Mond auf – manchmal. In manchen Nächten ist es nicht nur dunkel, sondern schwarz. Schwarze Nacht. Kalte, finstere, einsame, dich packende schwarze Nacht. Seit Irland lese ich übrigens keine Krimis mehr.

»Möchte noch jemand etwas essen?«

Das Wetter hatte umgeschlagen, der Wind pfiff ums Haus, mich fröstelte, und ich wusste in der Sekunde, weshalb dicke Federplumeaus auf den Betten lagen.

»Ist das nicht herrlich hier?«, wiederholte Herr Karl in Dauerschleife. Am liebsten hätte ich ihm das letzte verbleibende Hühnerbein in den Mund gestopft. Meine Euphorie klang mit Einbruch der Dämmerung ab, vermutlich schon, als wir auf die Untarred Road abgebogen waren. Leider endete bei Dämmerung nicht nur die Euphorie, es schlich sich auch noch etwas anderes ein. Langsam, aber beharrlich. Etwas, das ich die ganze Zeit versuchte zu unterdrücken. Angst. Angst ist etwas Furchtbares. Etwas, das man nicht erklären und nicht greifen kann. Und leider etwas, das ich nicht ablegen kann. Sie ist da. Natürlich hätte man nun über Therapien, Lösungen und Selbsthilfegruppen nachdenken können, konnte man jetzt aber auch sein lassen. Gefahr war im Verzug. Handeln war angesagt, nicht therapieren, diskutieren konnte man später. Evakuieren. Plan B: Rückzug!

Man muss wissen, wann man eine Schlacht verloren hat. Einziges Problem war nur, der Rest meiner Familie wusste noch nicht, dass wir uns in einer Schlacht befanden. Der Sturm wurde stärker. Der Wind heulte ums Haus. Was, wenn wir mitsamt dem Cottage einfach davonflogen oder von den Klippen ins Meer stürzten? Hatte man nicht schon einmal von Windhosen in Irland gehört? Die Natur schlägt ganz plötzlich zu, da gibt es die unglaublichsten Dinge.

»Uhlig, ich gehe eine rauchen.«

»Aber du kannst doch jetzt nicht vor die Tür, Karl.«

»Warum?«

»Weil es gefährlich ist. Wir wissen doch gar nicht, was da draußen ist.«

»Das wissen wir schon: der Vorplatz und ein herrlicher Stuhl, auf dem ich jetzt meinen Wein und meine Zigarette genießen werde. So ein Naturschauspiel bekommt man nicht alle Tage vorgeführt.«

»Bist du verrückt geworden? Du ka…, gar nicht gehst du da jetzt raus! Wir haben Kinder!«

»Genau, Uhlig, und die müssen jetzt ins Bett. Machst du sie bitte fertig? Ich hab heut den ganzen Tag schon alles gemacht.«

»Ich will aber auch mit Papa raus.«

»Du weißt doch gar nicht, was du willst. Du gehst jetzt ins Bad«, raunzte ich den Großen an. »Schau, dein Bruder ist schon eingeschlafen.«

In der Tat lag der Kleine mit Daumen im Mund in seinem Sessel. Wann war das denn passiert? Ich war doch nur eine Minute abgelenkt. Wenn er schlief, war er so schwer.

»Lieber, hättest du die Güte, bevor du dich in Lebensgefahr bringst – völlig egal, ob ich hier dann alleine bin oder nicht –, den Kleinen nach oben zu tragen, denn ich schaff das nicht. Die Koffer waren schon schwer genug und dann der Einkauf … Ach, ich will gar nicht darüber reden.«

»Uhlig, ich hab eh gesagt, lass stehen, ich mach das gleich. Aber nein, Madame wollte alles sofort in der Hütte haben.«

»Mein Lieber, da waren frische Sachen dabei. Das kann man nicht einfach so im Auto stehen lassen in der Hitze. Meine Oma hat immer vor den Salmonellen gewarnt.«

Dass sie einem schon den Teller mit der Wurst wegzog, während man noch beim Essen war, erwähnte ich nicht.

»Uhlig?! Ich wollte nur kurz mit den Buben zum Strand, sie hatten Stunden im Auto gesessen, da das Kartenlesen anscheinend nicht jedermanns Sache ist.«

»Ah, jetzt bin ich selber schuld, dass ich so schwer getragen hab, oder wie?«

»Uhlig, ich möchte jetzt meine erste Zigarette heute rauchen, und das in Ruhe.«

»Gut, dann trage ich den Kleinen alleine hoch.«

»Du kannst so stur sein, Uhlig«, und damit schnappte sich Herr Karl den Kleinen und brachte ihn hoch.

»Ist der Papa jetzt sauer?«, fragte der Große.

»Nein, der Papa braucht nur wieder frische Luft.«

Der Wind heulte erneut auf, mich fröstelte.

»Komm, ab ins Bad, und dann lese ich dir noch eine Geschichte vor.«

Der Große schlief schon bei den ersten Seiten ein. Ich deckte beide gut zu und ließ die Tür offen, sodass sie nicht im Dunkeln lagen. Meine Kinder mochten die Dunkelheit auch nicht. Obwohl ich immer versuchte, meine Ängste von ihnen fernzuhalten, schlichen sich auch bei ihnen kleine Macken ein. Ich bin nicht stolz auf meine Angst. Sie lähmt mich, und wenn ich mich in diesem Strudel befinde, komme ich nicht mehr raus. Alles in diesem Haus knarrte. Der Wind heulte, und es klang gespenstisch. Draußen war stockfinstere Nacht. Sie lässt alles Gute in mir erfrieren und die Panik zum Vorschein kommen. Wo war denn der Fernseher? Ich brauchte Leute. Wie lang rauchte der Mann denn? Ich musste nach unten und nach dem Rechten sehen. Und schon wieder aufs Klo. Herrschaftszeiten, war das einsam im Haus. Als ich gerade auf der untersten Stufe stand, flog die Haustür auf, doch niemand stand in der Tür. Mein Herz blieb stehen.

»Kaahaarl?«

Wo war er denn? Wo war denn mein Held, mein Beschützer, mein Retter? Was war mit ihm?

»Kaarl?«

Es war aber auch zum Verrücktwerden, nichts hatte ich in der Hand, nichts, um mich zu beschützen, geschweige denn meine schlafenden Prinzen im ersten Stock.

»Karl!«

Langsam mischte sich in meine Angst auch Wut. Das konnte er doch nicht machen, mich hier einfach in diesem Haus alleine lassen, wo er doch wusste, dass die Wände mit mir sprechen würden und Geschichten zu erzählen hätten. Was sich hier wohl in den vergangenen Jahrhunderten alles abgespielt hat? Falscher Moment, um daran zu denken, Uhlig. Ganz falscher Moment! Meine Fantasie blühte mindestens so schön wie die Rosen draußen.

»Da bin ich wieder«, hörte ich eine dunkle Stimme sagen,

die mich aus meinen Gedanken riss. Eine Gestalt stand in der Tür. Ich begann sofort aus Leibeskräften zu schreien.
»Hilfe, Hilfe, zu Hilfe!«
Oh nein, Hilfe zu rufen ist nicht gut, das hatte ich doch im Selbstverteidigungskurs gelernt. Da hilft einem keiner, weil die Leute selbst Angst haben. Feuer muss man rufen, Feuer, weil das alle etwas angeht. Also schrie ich aus Leibeskräften: »Feuer, Feuer!« Aber wer sollte mir denn helfen? Hier war doch niemand, außer der dunklen Gestalt im Türrahmen und mir. Jetzt würde er mich holen.
»Uhlig! Spinnst du?«, drangen die Worte des Herrn Karl in mein Bewusstsein. Ich war so in mir selbst und in meiner Fantasie gefangen, dass ich ihn für den schwarzen Mann gehalten hatte. Er löste sich von der Tür und sprang auf mich zu, um mir den Mund zuzuhalten.
»Was ist denn in dich gefahren? Sch…, ruhig, ganz ruhig«, versuchte er mich zu beruhigen.
»Und wenn er kommt, dann laufen sie. Und wenn er kommt …«
»Wer kommt, Uhlig?«
»Der schwarze Mann, Karl. Er kommt, um mich zu holen.«
»Mama, wer kommt?«
Mein Großer stand oben an der Treppe. Ich glaube, er hatte am meisten von meiner Angst geerbt. Obwohl man das gar nicht so sagen kann. Mittlerweile hatte auch der Kleine angefangen, und wir hatten ihm deshalb einen Geisterfresser gekauft, eine schwarze Drachenhandpuppe, und mein Kleiner fand ihn super. Mir machte die Puppe Angst, aber egal, wenn's half.
»Niemand kommt. Die Mama hat sich erschreckt, weil sie eine Spinne gesehen hat.«

»Ach, Mama, vor ’ner Spinne muss man doch keine Angst haben.«
Ich hauchte ein »Danke« zu Herrn Karl. Er war eben doch mein Held und schützte meine Kinder vor meiner Angst.
»So. Und jetzt aber hopp, hopp ins Bett, sonst komme ich hoch, euch fressen«, fauchte Herr Karl.
Ob das nun so angstabbauend und beruhigend war? Oben hörte ich meinen Großen jauchzen vor Freude. Wollte ich nicht eigentlich aufs Klo, bevor der schwarze Mann kam? Beherzt ging ich zur Haustür und schloss sie so fest wie möglich zu. Dann beeilte ich mich. Auch in der Toilette gab es keine Rollläden, fürchterlich. Ich musste mir etwas für die Nacht überlegen, denn hier im hinteren Trakt des Hauses war es noch einsamer. Man musste bedenken, dass sich die Toilette im Erdgeschoss befand und ich in der Nacht aufs Klo musste … Gut, noch war es nicht so weit, und mir würde eine Lösung einfallen, das wusste ich. Thailand hatte ich auch überstanden. Ich schlich von der Toilette noch einmal ins Bad, nur um sicherzugehen, dass da keiner stand. Alles ruhig, wunderbar, die Glastür war auch zu. Ach, wie toll, ich fand sogar Gazegardinen, die man vorziehen konnte, um den Innenraum vor fremden Blicken zu schützen. Und wieder schallte es in meinem Kopf: Wer hat Angst vorm schwarzen Mann?
Niemand!
Und wenn er kommt, dann laufen wir! Ich habe einmal gelesen, dass der menschliche Körper in Extremsituationen doch sehr schnell werden kann. Nicht wie ein Gepard, aber doch schnell. Uhlig: Gedanken weg, Gedanken weg! Die Angst, die mich schon wieder befiel, we-

gatmen. Pfeifen, fröhliches Lied summen und Gedanken wegschieben, Uhlig! *Fuku schallallaawawa …*
Summend drehte ich mich um, ich war ja lernfähig. Ich würde den Fernseher suchen und auf dem Weg zurück aus der Küche noch ein Messer mitnehmen, nur für alle Fälle. Dieses schöne lange Brotmesser. Das würde ich neben das Bett legen, das würde mir guttun und mich beruhigen. Ich stand mit dem Messer im Flur und überlegte, ob ich zuerst den Fernseher im Wohnzimmer aufdrehen oder doch besser davor das Messer oben neben dem Bett deponieren sollte. Quatsch, ich nehm das Messer mit ins Wohnzimmer, denn wenn er kommt, sucht er mich ja nicht als Erstes im Schlafzimmer, wenn noch Licht im Wohnzimmer ist, durchdachte ich die heikle Situation.
»Uhlig, warum stehst du mit dem Brotmesser im Flur?«
Draußen heulte der Wind wieder auf.
»Da! Hörst du's?«
»Uhlig?!«
»Ja, Karl?«
»Du bringst das Brotmesser wieder zurück in die Küche.«
»Nein, Karl, das tu ich nicht. Ich bring das nach oben und leg's neben das Bett.«
»Was tust du?«
»Ich lege jetzt das Messer neben das Bett, das beruhigt mich. Ist doch super, dass ich mir Hilfe suche. Dann kann ich meine Angst besser in Schach halten und vielleicht Schlaf finden.«
»Uhlig. Du legst ganz sicher das Messer nicht neben das Bett, denn das beunruhigt mich. Wenn das von vorhin noch mal passiert, bin ich tot!«

Unruhig wanderten meine Augen umher: »Dann nehm ich halt den Feldstecher mit.«
»Um mich zu erschlagen? Ich weiß ja nicht, was besser ist. So, Uhlig, Schluss. Ab nach oben ins Bett. Ohne Messer und ohne Feldstecher.«
»Ich muss mal.«
»Dann geh doch, Uhlig.«
»Ich trau mich nicht allein«, wieder heulte der Wind, »hörst du?«
»Ja, es ist der Wind, der Wind, Uhlig.«
Schweigen.
Schweigen. Wenn das bei dem unheimlichen Wind überhaupt möglich war.
»Gut, dann begleite ich dich zum Klo.«
»Aber du singst etwas vor der Tür, damit du's nicht hörst.«
»Ja, ich singe wieder, Uhlig.«
Das ist uns beiden wirklich wichtig, wir wollen die Toilettengänge voreinander fernhalten. Die Hygiene und der Badegang bleiben das Geheimnis des jeweiligen. Den letzten Zauber erhalten und nicht alles zur Normalität werden lassen. Das kann jeder halten, wie er will, bei uns ist das so. Ich brauchte ihn in diesem Moment vor dem Klo, und trotzdem war es mir extrem unangenehm, ich hatte das Gefühl, ich überschreite eine Grenze.
Endlich hatten wir es geschafft, zu Bett zu kommen, nachdem wir die Toilette überstanden und, so gut es eben ging, noch mal die Fenster verriegelt hatten. Herr Karl schlief sofort ein und begann zu schnarchen. Stille. Totenstille.
Plötzlich hörte ich das Rauschen des Windes nicht mehr. Er war weg, als hätte es ihn nie gegeben. Ich lag wach,

mein Herz raste. An Schlaf war überhaupt nicht zu denken, geschweige denn an Entwarnung. Die Stille, unerträglich. Es war die Stille vor dem Sturm, ich wusste es. Mein Herz krampfte sich zusammen. Hinter dem Cottage auf der Nordseite ging es in den Wald. Was mochte sich in ihm wohl verbergen?

»Karl? Karl, ich muss mal.«

»Mhmm, Uhlig, schlaf jetzt.«

»Ich muss mal!«

Mühsam schälte er sich aus der Decke und stieg aus dem Bett.

»Na, dann los, Uhlig, damit ich schnell wieder ins Bett komme.«

Wir tappten durchs stille Haus. Mir wurde immer mulmiger.

»Und vergiss nicht zu singen, Karl, wenn ich Pipi mache.«

Vielleicht sollte ich dann noch einmal einen Blick ins Bad werfen, nur so zur Sicherheit. Nein, ich ließ es lieber.

»Fertig, Karl.«

»Super, Uhlig, dann husch, husch ins Bett, ich bin saumüde.«

Und schon schnarchte er wieder. Es herrschte immer noch Totenstille. Und dann hörte ich es aus der Ferne. Langsam, ganz langsam kam es auf uns zu. Ein Rauschen. Ein Grollen. Sachte, ganz sachte, und doch schien es durch den Wald in einem rasenden Tempo auf uns zuzusteuern.

»Karl, Karl, bitte! Wach auf! Hörst du das?« Ich wurde hysterisch. In dem Moment gab es einen Urknall. Das Haus bebte, der Regen setzte ein. In Horrorfilmen regnet es auch immer. Ich spürte das Licht, bevor ich es sehen konnte. In meinem Geiste sah ich das Auto unten vors Haus rollen. Die Lichter gingen aus.

»Karl, Karl, da ist wer. Da ist ein Auto. Ich hab das Licht gesehen.«

»Uhlig, schlaf jetzt. Das war der Blitz.«

»Nein, das war ein Auto. Bitte, du musst schauen!«

Herr Karl schlug die Decke beiseite und stieg wieder aus dem Bett.

»Uhlig, bitte! Das kann doch nicht sein. Es ist zwölf.«

»Geisterstunde«, hauchte ich. Herr Karl war im Begriff, das Zimmer zu verlassen.

»Wo willst du hin? Um Gottes willen, wo willst du hin? Du willst mich doch wohl hier nicht alleine lassen?«

Zitternd vor Angst saß ich im Bett. Herr Karl drehte sich zu mir.

»Na, ich soll doch nach dem Auto schauen.«

»Bist du verrückt? Aber doch nicht draußen, hier aus dem Fenster, ob da was ist. Aber pass auf, dass sie dich nicht sehen!«

Mittlerweile war ich auch aufgestanden, das Bett bot mir doch zu viel Angriffsfläche. Ich kauerte in der Ecke hinter der schweren Truhe. Da rollte wieder ein Donner über uns, auf den sofort ein Blitz folgte. Es wurde taghell im Zimmer. Das Gewitter schien sich genau über uns zu entladen. Herr Karl stand am Fenster und drehte sich zu mir: »Uhlig, bitte. Da ist nichts. Können wir jetzt schlafen?«

»Ich muss mal, Karl.«

»Nein, Uhlig, nein.«

»Okay, du hast recht. Ich mag da auch nicht mehr runter. Und ich möchte, dass du ab jetzt diese Nacht vergisst. Bitte hole einen Eimer, eine Schüssel mit Wasser, Klopapier und eine große Pfanne. Ach ja, und einen Trinkbecher mit Henkel. Das hab ich alles in der Küche gesehen. Ich bleib hier oben und halte Wache. Aber bitte, bleib nicht zu lange unten.«

»Uhlig, kann ich kurz draußen eine rauchen?«

»Nein. Bitte, bitte nicht. Rauche hier oben aus dem Fenster raus. Oh Gott, bitte Karl, beeil dich, ich muss so dringend!«

Herr Karl erledigte alles, diesmal schnell, rauchte seine Zigarette, legte sich ins Bett und schnarchte weiter. So schnell das Gewitter gekommen war, zog es auch wieder davon. Und wieder herrschte Totenstille. Nein, halt. War da nicht ein Knarren? Ging da nicht jemand? Angestrengt lauschte ich in die Dunkelheit. Von überall her schienen Schritte auf uns zuzukommen. Meine Kinder! Oh Gott, meine Kinder schliefen drüben seelenruhig, aber unbewacht und alleine. Niemand da, um sie zu beschützen. Von irgendwoher hörte ich eine Glocke läuten, eine Trauerglocke. Das konnte doch nicht sein, hier war doch weit und breit nichts. Da! Hatte sich die Tür gerade bewegt? Da war doch ein Schatten? »Karl. Kaaaarl«, rüttelte ich Herrn Karl aus dem Schlaf.

»Was denn, Uhlig? Ich will schlafen. Und du solltest auch schlafen«, murmelte er schlaftrunken.

»Was ist, wenn jemand kommt?«

»Hier kommt keiner, Uhlig.«

»Und wenn doch?«

»Uhlig, hier kommt keiner.«

Da fuhr es mir wie ein Blitz durch den Körper. Ich setzte mich kerzengerade im Bett auf. Jetzt wusste ich es: »Ja Karl, aber wenn jemand kommt, dann meint er uns.«

An Schlaf war überhaupt nicht mehr zu denken in dieser Nacht. Ich hatte es geschafft, ich hatte auch Herrn Karl in Panik versetzt. Meine Erkenntnis hatte ihn tief getroffen, sie war so absurd und wahnsinnig, dass er diesen Satz nicht mehr vergessen konnte: »Dann meint er uns.« Endzeitstimmung und Endzeitszenarium. Wir schliefen fast überhaupt nicht in dieser Nacht. Runter getraut habe ich mich gar nicht mehr, und Herr Karl durfte auch nicht ins Erdgeschoss. Ständig pinkelte ich in den Eimer, während ich gleichzeitig aus der Henkeltasse Wasser in den anderen Topf laufen ließ, damit man mich beim Pinkeln nicht hören konnte. Anschließend deckte ich das Ganze mit der Pfanne ab. Ich konnte auch nicht aufhören, Wasser zu trinken, da mein Mund vor Angst ständig staubtrocken war, ein ewiger Kreislauf. Herr Karl nickte immer wieder ein, aber ich versuchte, ihn wach zu halten, und ließ ihn mehrfach zum Fenster laufen, um nach dem Auto zu sehen, das da kommen könnte. Auch nach den Buben musste er in einem immer wiederkehrenden Rhythmus schauen. Ich war nicht fähig, Ruhe zu finden, mittlerweile war ich so übermüdet, dass ich überall Gespenster sah. Endlich, endlich nahte der Morgen. Es dämmerte, und ich fiel in einen tiefen, traumlosen Schlaf. Ich hatte die Nacht überstanden. Am nächsten Tag erarbeiteten wir einen Schlachtplan. Die nächsten fünf Tage verbrachten wir herrliche Stunden in unserem einsamen Cottage, aber spätestens bei Einbruch der Dämmerung verließen wir es. Wir schliefen immer in anderen Pubs oder Hotels in der Umgebung, wo wir zu Abend aßen. Somit mussten wir abends nicht kochen. Den Kindern verkauften wir unseren abendlichen Aufbruch immer sehr geschickt.

»Aber warum fahren wir nach dem Essen nicht zurück zum Meer?«, fragte der Kleine.

»Weil der Papa müde ist«, sagte der Große, »und die Mama nachts schlechte Augen hat und weil der Wind halt manchmal geht.« Er schaute mich aus seinen großen Augen wissend an. Nein, mein Großer konnte nichts gemerkt haben, er hatte nichts mitbekommen, er hatte doch die ganze Horrornacht friedlich geschlafen. Ich sah schon Gespenster …

Frau Uhlig entspannt sich endlich

»Aber eins interessiert mich jetzt doch, Uhlig. Wieso haben wir uns denn Es Trenc nicht wenigstens angeschaut? Es Trenc ist angeblich Mallorcas schönster und längster weißer Sandstrand, naturbelassen, geradezu unberührt, hinter einem der größten Naturschutzgebiete Mallorcas«, gab Herr Karl den Inhalt seines geliebten Reiseführers noch einmal wieder.
Herr Karl schien die Eskapaden in Irland erfolgreich verdrängt zu haben. Nach dieser Episode müsste doch klar sein, dass wir auf keinen Fall einen einsamen Strand aufsuchen würden. Innerlich schüttelte ich den Kopf, aber ich wollte jetzt keinen Streit vom Zaun brechen, sondern Erholung, Frieden und Entspannung.
»Ich weiß nicht, Karl. Ich hatte nur so eine Ahnung, dass ich dann wieder schwierig bin.«
»Aha.«
»Außerdem kamst du doch mit diesem Märchenstrand um die Ecke.«
Wir waren tatsächlich an einem Strand, wie ich ihn aus meiner Fernsehwerbung kannte, empfohlen von den zwei Walkern Hans-Georg und Gertrud. Er war gar nicht weit von unserer Anlage entfernt: der perfekte Strand und quallenfrei. Sie hatten ihn entdeckt, und das wollten sie uns von der Düne aus mitteilen, als sie uns auf unserem Weg zum Horrorhotelstrand gesehen hatten. Nur leider konnten wir sie durch den Wind nicht verste-

hen. Aber das Schicksal wollte es, dass sie Herrn Karl im Supermercado bei seinem neu gewonnenen, heiß geliebten Espresso kurz nach dem Frühstück begegneten und ihm von dem wundervollen Fleckchen Erde berichteten, das sie auf ihrer Tour gestreift hatten. Sie hatten nicht zu viel versprochen: eine schöne kleine Bucht, weißer Sand, flach ins Meer auslaufend, türkisfarbenes Wasser. Und, das Beste kommt zum Schluss: eine kleine Taverne mit wirklich netten Besitzern und tollem Personal. Es gab frischen Fisch, Herr Karl konnte sein Glück kaum fassen. Für die Buben befand sich sogar die heiß geliebte Bolognese auf dem Speiseplan. Da ich ganz bedürfnislos bin, wie wir wissen, fand ich natürlich auch etwas Köstliches. Nein, im Ernst, die Karte war von einer Vielfalt und Raffinesse, sie ließ keine Wünsche offen. Am Strand konnte man für ein erschwingliches Entgelt Sonnenliegen unter Bambusschirmen buchen und hatte somit das Gefühl, für den Tourismus, aber auch für die Umwelt etwas getan zu haben, da die Schirme nicht aus ausgeblichenem Plastik bestanden. Sogar ein kleines Holztablett rund um den Stamm des Schirmes war montiert, es diente als kleines Tischchen. Herrlich, Ablagefläche für Sonnenmilch, die nicht versandete! Ich kann mir nichts Ekelhafteres vorstellen, als sandige Sonnenmilch auf den Körper zu schmieren. Die Liegen waren ebenfalls aus Holz, überhaupt hatte man sich hier geschmacklich wirklich Gedanken gemacht. Die sanitären Anlagen waren keine stinkenden Plastikdixieklos, die aneinandergebunden schief standen und von Fliegen umschwärmt waren. Sie waren aus Stein gebaut. Herrliche Toiletten mit weiß getünchten Milchglasfenstern, wunderschönen Holztüren und mit mallorquinischen Kunsthandwerks-

Männlein/Weiblein-Schildern darauf. Und das Beste, man glaubt es kaum: dreilagiges, schönes, weißes Klopapier, nicht dieses braune Recycleschmiergelpapier, ich war im Glück. Wir sind nämlich keine Männer, wir sind Frauen, und selbst wenn wir abschütteln könnten, wir würden es nicht tun. Und deshalb ist das beste Klopapier für uns gerade gut genug. Aber das Tollste war, dass ich hier einfach sein konnte. Hier wurden keine Badeanzug-Modeschauen veranstaltet. Wer Polster hatte an den Hüften, der hatte sie und wurde nicht schief angeschaut. Auch die Kinder kamen endlich zu ihren Sandburgen, den Einbuddelspielen, und das Krokodil erhielt hier nun seinen ersten Meereinsatz. Wir verbrachten einen herrlichen Tag.

Frau Uhlig und Herr Karl schlemmen

Uhlig, hier fahren wir jetzt zum Abendessen hin. Des is supa. Iberius. Da will ich heute essen.« Herr Karl deutete auf den Restauranttipp im Reiseführer. Wie man in so einem Buch tagelang lesen konnte, war mir schleierhaft. Langsam bekam ich auch den Eindruck, dass Hubi und der Reiseführer unter einer Decke steckten. Meine Fantasie ging sogar so weit, dass Hubi ihn unter einem Pseudonym herausgegeben hatte, denn auch er empfahl mir das Iberius bei unserer Hotelbesichtigungstour wärmstens. Also, bitte schön, ich war ja immer zu allem bereit. Herr Karl packte schon zusammen. Auf dem Weg zum Auto kam uns ein Paar entgegen, das uns freundlich grüßend zunickte. Ich ahnte, dass sie sich einen Moment später fragten, warum sie uns gegrüßt hatten. Ihnen wurde gewahr, dass sie uns kannten. Fieberhaft überlegten sie, wann, wie und wo sie mit uns im Gespräch waren. Beim Essen in der Hotellobby, vorm Hotel, auf einer Bustour? Ich wusste, es arbeitete in ihnen. Ganz oft sagten die Leute Hallo und fragten später, woher man sich kannte. Dann verriet ich es ihnen natürlich. Trotzdem machte es mir eine Freude, ihre nachdenklichen Mienen zu beobachten und die Spannung auszukosten, ob sie selber darauf kamen. Nur mochte ich nicht, wenn sie fragten, in welchen Filmen man mitgespielt hatte. War doch nicht schlimm, wenn sie keinen kannten. Ich sage dann immer, ab jetzt werden sie es wissen, wenn sie einen Film mit mir sehen, und zwinker ihnen zu.

»Uhlig, wo bist du mit deinen Gedanken. Warum bleibst du stehen? Ich hab Hunger!«, mahnte Herr Karl zur Eile.

»Wo sind denn die Buben, Karl?«

»Die sitzen schon längst im Auto mit ihrem Krokodil und warten.«

Sitzen? Auto? Buben? Ich sah nur Krokodil.

»Hier, Mama, hier sind wir«, hörte ich. Irgendwo unter dem Krokodil, da mussten sie sein.

»Aber Karl, das geht doch nicht. Wir können doch so nicht fahren mit dem aufgepumpten Krokodil. Da siehst du ja nix mehr.«

»Ich weiß, klär du das mit den Buben. Jetzt sind es mal deine Kinder, Uhlig. Ach, wie schön«, Herrn Karls Stimme erhielt einen freudigen Unterton, »hier ist sogar ein Auszug der Speisekarte im Reiseführer: *Pimientos de Padrón.* Das ist eine besondere Paprikaschote, die es nur in Spanien gibt! Ach, und Tintenfisch in eigener Tinte gibt es auch!«, Herrn Karls Augen mussten leuchten, doch ich hörte ihm gar nicht mehr zu. Ich war damit beschäftigt, das riesenhafte Krokodil aus dem Auto zu zerren, während es die Buben vor Freude jauchzend von drinnen festhielten.

»Jetzt hilf doch mal, Karl!«

»Es sind deine Kinder, Uhlig.«

»Wunderbar! Alles, wie es im Reiseführer beschrieben war. Er hatte nicht gelogen.« Herr Karl saß schwelgend über der Speisekarte im Iberius und unterhielt sich nebenbei mit dem Kellner in vermeintlich wirklich gutem Spanisch, tat weltgewandt und fachkundig.

»Vielleicht wäre es gut, du bestellst noch etwas für die Kinder«, warf ich genervt ein. Ich war noch völlig fertig vom Kampf mit dem Krokodil und der anstrengenden Fahrt. Ein halbe Stunde hatte ich mir mit den Buben eine erbitterte Schlacht um das Krokodil geliefert, während Herr Karl seelenruhig im Reiseführer nach weiteren Sehenswürdigkeiten und Restaurants für die nächsten Tage gestöbert hatte. Völlig verschwitzt und fertig saß ich nun im Lokal, denn Herr Karl mahnte nach dem verlorenen Kampf mit dem Krokodil zur Eile, sodass ich keine Zeit mehr hatte, mich hübsch zu machen, geschweige denn frisch. Die unerträgliche Hitze im Auto hatte ihr Übriges getan. Obwohl wir nur zum Restaurant fuhren, waren die Kinder absolut nicht davon abzubringen, sich vom Krokodil zu verabschieden. Ich konnte das natürlich gut verstehen, hatte ich mir doch auch immer ein solch schönes Aufblastier gewünscht! Aber jetzt war ich nur genervt. Wir mussten Schleichwege fahren, auf der Autobahn hätte uns ganz sicher die Polizei herausgewinkt. Auch durfte man die Temperatur im Auto nicht auf ein erträgliches und frauenaussehfreundliches Maß regulieren, da Herr Karl im Auto erst recht keine Aircondition vertrug, denn die absolut gefährliche Halserkrankung würde ihn dort auf der Stelle ereilen. Natürlich …

»Uhlig, was sagst du jetzt zu meiner Bestellung – Tintenfisch in Tintensauce? Ist doch großartig und wird auch im Reiseführer als die Spezialität hier wärmstens empfohlen«, schwärmte Herr Karl.

»Karl, das hattest du schon erwähnt, aber ich weiß nicht, ob es das Richtige für die Buben ist.«

»Uhlig, wir wollen unsere Kinder doch nicht zu kulinarischen Banausen erziehen, sondern ihnen die Spezialitäten des Landes näherbringen. Die Chicken-Wing-Nugget-Burger-Arie gestern fandest du doch auch zu ordinär, nicht wahr? Oh, Entschuldigung, Uhlig. Du warst ja gar nicht dabei. Du warst ja mit deinem neuen Freund unterwegs, um eine neue Bleibe zu finden.«

»Ich will Spaghetti Bolognese!«, lamentierte der Große.

»Ich auch!«, stieg der Kleine lauthals mit ein.

Herr Karl ignorierte die Kinder.

Das Iberius, ein verstecktes kleines Lokal in einem unscheinbaren Ort nahe der Küste, galt als Geheimtipp der mallorquinischen Küche. Bodenständig, einfach und doch mit der nötigen Raffinesse sollte es seine Gäste verzaubern. Ein Geheimtipp für Stars und Sternchen auf der Insel, die fernab von Schickeria gutes Essen genießen wollten, so Hubertus und der Reiseführer. Señor Iberius, der Herr des Hauses, führte das Restaurant in dritter Generation. Überall im Lokal hingen Fotos, auf denen er mit seinen prominenten Gästen verewigt war, und doch wirkte es nicht aufdringlich. Herr Karl war im Glück und im Begriff, die gesamte Speisekarte zu ordern. Das war an sich kein Problem, nur sollte er nicht so stur sein und auch für die Kinder etwas Köstliches bestellen.

»Bitte, bestell ihnen doch ihre Nudeln!«

»Hab ich ja!«

»Aber mit Tinte, Karl!«

»Uhlig, falls es ihnen nicht mundet, können sie immer noch nackte Nudeln essen, aber nicht Bolognese. Sie können nicht von morgens bis abends Bolo essen.«

Herr Karl war einfach taub auf dem Ohr. Dem großen Gourmet war nicht beizubringen, dass Kinder gerne

Bolo essen. Auch war ihm nicht begreiflich zu machen, dass Vorspeise, Mittelgang, Hauptgang, Dessert zu viele Gänge für uns und die Kinder um diese Uhrzeit waren. Mittlerweile war es halb sieben, wir waren ungefähr eine Stunde von unserem Hotel entfernt, und das Essen wurde gerade erst bestellt. Ich wandte mich zum Ober, der die ganze Zeit gewartet hatte, ob wir noch etwas Weiteres wollten: »Can you bring all food like it comes, please? I mean, when it's ready, bring it please.«
»Uhlig, ich mag das nicht, wenn der ganze Tisch so vollgebaut wird.«
»Und ich mag nicht Stunden auf mein Essen warten, Karl. Meine griechische Seele liebt es, wenn man aus allen Töpfen greifen kann.«
»So ist immer alles kalt, und man kann sich nicht auf die jeweilige Speise konzentrieren. Lieb mal dein Essen, Uhlig, anstatt alles so schnell in dich reinzuschlingen. So wirst du dick, du musst eh schon aufpassen.«
In dem Moment funkte der Kellner dazwischen: »Do you need anything else?«
»No, thank you, it's fine.«
»We are hungry«, warf ich böse zu Herrn Karl blickend ein.
»Uhlig, mit dir gehe ich jetzt bald auch nicht mehr essen, wenn du dich so benimmst«, fauchte mich Herr Karl an.
»Ah, wunderbar, dann bleib ich schlank. Also wieder Hotelküche, Karl? Bin mal gespannt, welches kulinarische Motto morgen gilt.« Feixend zwinkerte ich ihm zu. Bevor Herr Karl zum Gegenschlag ausholen konnte, wurden schon die ersten Speisen aufgetischt. Seine Aufmerksamkeit wurde auf die vielen Köstlichkeiten gelenkt.

Natürlich hatten wir viel zu viel bestellt. Aber egal. Eine innere Genugtuung war mir, dass die Tintenfische in Tintensauce selbst für Herrn Karl äußerst gewöhnungsbedürftig waren. Sehr spät, zu spät, wie ich schon geahnt hatte, verließen wir das Lokal. Die Kinder schliefen im Auto ein. Dem Krokodil konnten wir so zum Glück entspannt die Luft nehmen und es in den Kofferraum quetschen, wo es auch hingehörte.

Als wir nach ihrem Powernap im Hotel ankamen, waren sie natürlich putzmunter. Und dort war noch Kinderdisco in vollem Gange mit lauter kleinen Anarchisten auf der Tanzfläche. Herrlich! Nun war an einen ruhigen Abend der Zweisamkeit auf dem Balkon, während die Buben friedlich schlummerten, gar nicht mehr zu denken. »Die kriegen wir so schnell nicht ins Bett.« Bedauernd schaute ich zu Herrn Karl, der nur lakonisch meinte: »Wo ist die Bar, Uhlig? Ich brauche jetzt einen guten Wein, um den restlichen Abend erträglich zu machen und ihn mit Anstand und Würde zu überstehen.«

Genau, dachte ich, auch bei mir würde eine Cola mit zwei Stückchen Eis und einer Scheibe Zitrone Wunder bewirken.

Frau Uhlig und Herr Karl brauchen einen Absacker

Als wir gerade unsere Drinks überreicht bekamen, hörten wir eine laute Stimme: »Der Karl?« Wir drehten uns beide überrascht um. Das Pärchen, das uns vorhin freundlich zugenickt hatte, stand hinter uns. Sie wussten, wer wir waren. Ich hatte mich geirrt. Der Mann zeigte mit ausgestrecktem tadelndem Finger auf Herrn Karl: »Nix. Das war nix, Karl. Die letzte Rolle eine Katastrophe. Oder Regina? Ich mag dich so gar nicht. Rasier dich bitte.«

Interessant, dachte ich. Mister langer Vollbart könnte sich ja selbst mal rasieren. Aber wahrscheinlich kompensierte der Mann mit seinem Bart seinen fast schon kahlen Kopf.

»Furchtbar ist dieses Ungepflegte, oder, Regina?«, setzte der Mann seine Rüge fort. Regina wurde rot, falls das überhaupt noch möglich war bei ihrem Sonnenbrand. Sie stotterte verlegen: »Das meint der Rudi nicht so. Wir mögen Sie lieber, wenn Sie so ein Fescher sind und in Filmen fürs Herz mitspielen, so wie in der Serie *Julia.*« »Das finden wir auch«, hörte ich von der Seite meine Lieblingsstimme. Elfi! Es wird interessant, dachte ich.

»Herr Ober, noch eine Cola«, rief ich. Jetzt konnte man nicht genug Energie haben. »Ich habe keine Folge verpasst«, erklärte Elfi. »Ich bin übrigens die Elfi, das ist der

Erwin.« Sie wandte sich zu mir. »Katharina versucht gerade die Kleine aus der Kinderdisco loszueisen.«
»Das ist uns misslungen, deshalb sitzen wir hier«, warf ich ein.
»Die Bar hier ist wirklich nicht das Schlechteste«, meldete sich Rudi zu Wort. »Ich bin übrigens Rudolf, genannt Rudi, das ist meine süße kleine Regina.« Süß und klein, fragte ich mich. Die Dame hatte doch eher meine Statur. Aber vielleicht hatte ich nur ein falsches Bild von mir. Auf jeden Fall gab es mir die Möglichkeit, ohne schlechtes Gewissen noch ein bisschen Knabbergebäck zu bestellen.
»Ah, hier seid ihr alle! Entschuldigt, wir mussten noch die Sauna bis auf das Letzte auskosten. Am Abend ist es da wenigstens ruhig. Mit dem Hotel haben wir uns tatsächlich ein bisschen verbucht. Aber die Gertrud mag die Küste hier so gern, und das Angebot war ja auch nicht zu verachten.« Hans-Georg und Gertrud waren aufgetaucht.
»Und?«, fragte uns Gertrud gleich. »Wie war der Strand, den wir euch empfohlen haben?«
»Das interessiert mich aber auch«, warf Elfi ein. »Ich versuch schon seit Tagen, den Erwin vom Pool wegzukriegen. Aber er ist mit dem Salzwasser so heikel.«
»Also, ich muss sagen, diese Bucht ist eine der schönsten auf der Insel. Und diese kleine Taverne …«, versuchte ich möglichst malerisch zu beschreiben.
»Für wen war noch mal die Cola?«, warf der Barmann ein.
»Ich brauch einen anderen Wein«, hörte ich Herrn Karl neben mir, »der hier bringt mich ins Grab. Sie können doch nicht nur Wein aus der Zapfanlage haben?«
»Nein, aber die Flaschen müssen Sie extra bezahlen.«

»Na endlich. Bringen Sie mir bitte die Weinkarte.« Herr Karl wählte aus, und der Barmann beeilte sich, der Bestellung nachzukommen.
»Aber lasst uns doch noch mal bei *Julia* ansetzen«, ergriff Elfi ungeduldig das Wort. »Hans-Georg und Gertrud, ihr habt das gerade nicht mitbekommen. Das sind übrigens Regina und Rudolf. Wir sprechen gerade mit Herrn Karl über seine Rollenauswahl. Hans-Georg, endlich können wir ihn auf den misslungenen Mittelteil im letzten Film ansprechen, das ist doch ein Supermoment.«
Hans-Georg und Gertrud schauten sich an. Plötzlich funkte der Barmann dazwischen und schenkte Herrn Karl den Probierschluck ein. Herr Karl nahm ihm die Flasche ab und schenkte gleich komplett ein.
»Nun, Hans-Georg, was sagst? Spann uns nicht so auf die Folter! Was denkst du über Herrn Karls letzte Rolle?«, fuhr Elfi unbeirrt fort. Ein Schweigen breitete sich aus. Ich hatte das Gefühl, Herr Karl und ich standen vor Prüfern, die darüber entschieden, ob wir weiter mitspielen durften. Langsam öffnete Hans-Georg den Mund. Mittlerweile hingen alle an seinen Lippen.
»Nun«, meinte Hans-Georg, »über Ihre letzte Rolle müssen wir reden.« Er holte tief Luft. »Die hat mich nicht so überzeugt. Die Gertrud und ich, wir mögen Sie lieber, wenn Sie freundlicher sind. Und es tut mir leid, das so sagen zu müssen, aber der Bart steht Ihnen wirklich nicht.«
»Genau das ist unsere Rede«, fuhr der bärtige Rudolf dazwischen.
»Nein, da muss ich euch wirklich widersprechen«, warf Elfi ein.
»Stimmt's, Erwin? Wir mögen Sie auch sehr in diesen,

wie sagt man da, Charakterrollen. So richtig mit Schmackes, die meine ich.«
Herr Karl schenkte sich wieder nach.
»Ja, aber *Julia,* das ging doch unter die Haut«, warf Regina ein. »Da konnte man so richtig mitfühlen.«
»Da hast du recht, *Julia* war ...«
»Ah, da seid ihr«, hörten wir eine Stimme von hinten. »Ich kann nicht mehr. Ich bekomme die Kleine da gerade nicht raus. Es ist zum Verrücktwerden. Diese Kiddy-Club-Veranstaltungen machen mich echt wahnsinnig.«
»Aber Katharina, lass die Prinzessin doch. Es sind doch Ferien.«
»Mama!« Katharina wurde lauter. »Zu Hause nach den Ferien habe ich den Affentanz mit ihr und krieg sie gar nicht mehr ins Bett.«
Ich erhob mich von meinem Stuhl. »Komm, Katharina. Wir gehen noch mal hin. Ich muss unsere beiden auch rausholen. Denn jetzt ist Schluss. Zusammen sind wir stark. Karl, ich hol dich gleich, wenn ich die Buben hab. Dann könnt ihr das noch kurz mit den Rollen besprechen, oder, Elfi?« Elfi ließ sich das nicht zweimal sagen. Herr Karl warf mir einen Blick zu, der mir klarmachte, jetzt sollte ich Land gewinnen ... Schnell weg!

Frau Uhlig streitet sich

Dass du mich da allein gelassen hast, das verzeih ich dir nie! Nie!«

»Sch…! Nicht so laut!«

»Du wirst mir nicht den Mund verbieten, Uhlig!«

Wir hatten es gerade mit Müh und Not geschafft, die Disco-Buben ins Bett zu verfrachten.

»Karl«, sagte ich beschwichtigend.

»Uhlig, ich sag dir jetzt mal was! Weißt du, wie lange das her ist? Weißt du das?« Herr Karl war fassungslos. »*Julia*. Das ist mindestens achtzehn Jahre her!«

»Ist doch schön, dass die Leute dich seit so vielen Jahren im Blick haben«, gab ich zur Antwort.

»Und wie toll Sie da waren, Herr Karl. Und so ein Fescher. Und Gott sei Dank kein Bart. Und einen klaren Blick, ohne Abgründe. Einfach zum Liebhaben. So charmant. Ach, mir geht das Herz auf, wenn ich daran denke. Fast wie bei Sissi.«

»Ach, ich liebe Sissi!« Ich deutete das Klatschen von Magda Schneider an.

»Uhlig, lass das!« Herr Karl verstand jetzt keinen Spaß mehr. »Ich hab mich seit *Julia* doch nun wirklich weiterentwickelt. Hörst du mir überhaupt zu? Ich hab gesagt, ich hab mich seitdem weiterentwickelt, oder etwa nicht?«

»Ja, Karl, aber vielleicht nicht immer in die positive Richtung«, warf ich nachdenklich ein.

»Entschuldige, Uhlig«, nun war Herr Karl wirklich böse, »mich interessieren Charakterrollen, mich interessiert eine Figur und nicht, ob ich glatt rasiert bin und so fesch und so charmant.«
»Ich weiß, Karl. Aber manchmal möchten die Leute etwas haben, woran sie sich halten können, das immer wiederkehrt, eine Konstanz im Leben, zumindest vorm Fernseher.«
»Und das haben sie, wenn ich glatt rasiert bin, oder wie?«
»Du weißt genau, was ich meine, Karl.«
»Uhlig, das ist nicht mein Beruf.«
»Sei doch einfach einmal Sissi, ich sag das doch auch die ganze Zeit. Romy Schneider ist mit der Rolle in den Olymp aufgestiegen.«
»Dir ist schon klar, dass ich ein Mann bin, Uhlig, oder?«
»Wie meinst du das, Karl?«
Schweigen.
»Vergiss es, Uhlig.«
»Du, Karl, ich vergesse jetzt gar nichts.« Nun redete ich mich in Rage. »Das ist doch interessant, so eine richtige Milieustudie hier. Da sagt mir noch einer, unsere Filme sind nicht immer erfolgreich und die Einschaltquoten zu niedrig. Ich weiß ja nicht, wo und wie sie die Einschaltquoten ermitteln, in welchem hintersten Winkel sie gemessen werden, aber hier merken wir doch, sie können nicht stimmen. Denn hier scheint uns jeder zu kennen, wir sind mitten in der Zielgruppe. Hier müsste man messen, Karl, wie die Hochrechnungen bei den Wahlen, hier im Hotel ist es repräsentativ, das spür ich. Karl, hörst du mir noch zu? Wir könnten ein Komplott aufdecken.«

»Was denn für ein Komplott, Uhlig? Du schaust zu viele Krimis.«
»Und du drehst zu viele, Karl.«
»Der Punkt geht an dich, Uhlig.«
»Nein, Karl, wirklich. Es ist ein Komplott. Wir könnten endlich diese Messgeräte ad absurdum führen, denn es ist doch jetzt schon klar, dass dein letzter Film viel höhere Einschaltquoten hätte haben müssen, nachdem ihn doch hier jeder gesehen hat. Hochrechnungsmäßig hat nun diesen Film laut meiner Hotelanalyse, und der heutige Abend manifestiert es geradezu, die ganze Bundesrepublik gesehen und Österreich noch dazu. Hörst du mir eigentlich noch zu?«
»Ich geh jetzt schlafen, Uhlig.«
»Was?« Wie konnte er jetzt an Schlaf denken?
»Ich geh jetzt schlafen, Uhlig. Ich bin müde.«
»Aber Karl, noch was.« Mein Kopf arbeitete auf Hochtouren, es war mir egal, ob der Herr schlafen wollte oder nicht. Hier ging es jetzt um viel, um die Erkenntnis über unseren Beruf, die mir in diesem Moment wie Schuppen von den Augen fiel. Vorher musste ich allerdings noch meine Rechnung geraderücken. »Es stimmt natürlich nicht ganz, meine Rechnung. Denn wenn man die Jungen, die hier in dem Hotel gar nicht absteigen, abziehen – wovon viele sowieso mittlerweile schon im Internet fernsehen – und auch die ältere Zielgruppe, also die über neunundvierzig, ausdünnen würde, da davon auch nicht so viele im Hotel sind, außer Elfi und Konsorten natürlich, bleibt vielleicht noch ein Drittel Zuseher, bundesweit gesehen. Aber selbst wenn du hundert durch ein Drittel teilst, und ich war in Mathematik wirklich gut … Also, wir teilen daher jetzt einmal hundert durch drei.«

»Uhlig.«

»Nee, warte mal kurz, Karl, warte, ich hab's gleich. Also wir teilen durch drei. Ziehen dann noch mal zehn Prozent für Unwegsamkeiten ab, die ich jetzt nicht bedacht habe. Unwegsamkeit steht für Menschen. Karl, also, dann bleibt immer noch viel mehr Einschaltquote übrig, als man uns gesagt hat. Das solltest du dem Klaus sagen. Dein Film war wahnsinnig erfolgreich demnach. Du musst dir also gar nicht so einen Kopf machen.«

»Ich mach mir gar keinen Kopf, Uhlig. Den machst du dir. Ich spiele einfach Rollen in Filmen. Mich interessieren die Rollen und nicht die Quoten. Und hundert durch ein Drittel ergibt etwas anderes als hundert durch drei.«

Ah, der Herr war wieder wach. »Lenk nicht ab, Karl! Du kannst vor der Realität und der Macht der Quoten nicht die Augen verschließen. Vielleicht sollten wir uns morgen ein bisschen unter die Leute mischen und herausfinden, wie man dich gerne sehen möchte.«

»Uhlig, geht's eigentlich noch bei dir? Ich bin froh, wenn wir unsere Ruhe haben, der Abend gerade hat mir gereicht.«

»Ja, Karl. Aber hier könntest du noch bei anderen herausfinden, was die Wünsche und Anliegen sind und wie es dir in deinem Beruf besser gehen könnte.«

»Uhlig, mir geht es in meinem Beruf hervorragend. Soll ich etwa noch mehr drehen?«

»Nein, nicht noch mehr, Karl, aber das, was die Leute sehen wollen.«

»Sag einmal, spinnst du jetzt vollends? Ich mach doch den Beruf nicht, um den Leuten zu gefallen, sondern weil ich das Spiel und die Verwandlung liebe, ich bin Schauspieler!«

»Ich auch, Karl, und trotzdem möchte ich geliebt werden von den Leuten! Ich möchte, dass sie mich anerkennen und mögen und schätzen.«

»Uhlig, dann geh doch morgen an den Pool zu Elfi und Erwin und frage sie, was du besser machen könntest. Wie es dir gelingt, Sissi näher zu sein. Sie geben bestimmt auch dir gerne fundierte Auskunft.«

»Karl, du bist so blöd.«

»Nein, Uhlig, ich bin nur Realist und sehe meinen Beruf anders als du. Im Übrigen muss ich jetzt schlafen, damit ich morgen den weiteren Urlaub mit unseren Kindern genießen kann.«

»Dann sag ich jetzt gar nichts mehr. Auch Schweigen ist mal gut.«

Wir schwiegen.

»Hast du gehört, Karl? Ich hab gesagt, ich sag jetzt gar nichts mehr. Ich wollte mich auf ein wirklich wichtiges Gespräch mit dir über unsere Karriere einlassen, aber du hast es im Keim erstickt. Ich wollte die neu gewonnenen Erfahrungen und das großartige Feedback der Hotelbewohner zu unseren Gunsten auslegen. Es ist immer die Frage, wie man es sieht. Man muss aus der Not eine Tugend machen. Und ist es nicht sogar eine Prüfung, vielleicht auch Schicksal, dass wir hier so lebensnah miteinander in den Austausch gehen können?«

»Uhlig!«

»Nee, Karl, wirklich, vielleicht habe ich deshalb unbewusst dieses Hotel gewählt, um am Puls der Zeit zu sein. Was denkst du?«

»Wolltest du nicht schweigen?«

»Natürlich, aber du hast mich wieder was gefragt, Karl.«

»Hab ich nicht!«

»Im Geiste schon.«

»Uhlig, du hast so einen Sockenschuss.«

»Das hättest du dir früher überlegen müssen, Karl. Jetzt ist es zu spät.«

»Ich lieb dich auch, Uhlig. Schlaf schön, meine verrückte Nuss.«

Frau Uhlig redet sich in Rage

Am nächsten Tag kam nur ein ruhiger Strandtag infrage, da der Wein dem Herrn Karl auf den Magen geschlagen war. Katharina hatte sich zu uns gesellt, nachdem ich ihr beim Frühstück erzählt hatte, welch schönes Fleckchen Erde wir gestern gefunden hatten und dass es für die Kinder wirklich ideal war. Nun saßen wir hier gemütlich unter dem Sonnenschirm, die Kinder spielten vergnügt im Sand, und wir lamentierten über all inclusive und Kinderhotels. Endlich hatte ich jemanden gefunden, der mit mir ausgiebig sprach und meinen Ausführungen geduldig und wohlwollend zuhörte. Kurzum: Wir hatten uns gefunden.

»Warum werden in diesen Kinderbetreuungsanlagen immer Tänze getanzt, Körper bemalt und doofe T-Shirts getragen?«, fragte mich Katharina und fuhr weiter fort: »Mit den Kindern wird doch meistens nicht in der Erwachsenen-, sondern in Babysprache gesprochen, alles ist toll, toll, toll. Kinovorstellung gibt es hier schon zu Mittag …«

»Und beim Kinderbüfett werden die Kleinen gleich auf Fast Food eingestellt«, fiel ich ihr ins Wort, »egal, wie viele Sterne das Hotel hat, das Kinderbüfett besteht immer aus Pommes, Burgern, Chicken-Nuggets und Spaghetti Bolognese.«

»Das Schlimme ist«, so Katharina weiter, »dazu trinken sie Fanta, Cola, Sprite oder Fassbrause, in allem ist gleich viel Zucker drin. Holt man die Kinder ab, sind sie nicht erholt und ausgeglichen. Nein, sie sind völlig überdreht und nicht ins Bett zu bekommen. Siehe gestern Nacht!«

»Ja, genau, Katharina, und deshalb machen diese Kinderclubs Kinder süchtig. Endlich ein Platz, wo das Kind König ist. Kleine Anarchisten außer Rand und Band. Sie haben Urlaub, Urlaub von Regeln und Verboten. Sollten sie über die Stränge schlagen und den Betreuern über den Kopf wachsen, gibt's halt, wie du schon gesagt hast, einen *guten* Film oder auch zwei zum Runterkommen. Auch bleiben die Kinder, falls man im Hotel zu Abend isst, nur fünf Minuten bei einem sitzen, schaufeln das Essen in sich hinein, trinken noch ein zweites Zuckerwasser, obwohl man nur eines erlaubt hat, wollen nicht mit einem reden, sondern los, weil der Film weitergeht. Überhaupt versuchen die meisten Hotels, die Kinder am Abend frühzeitig abzufüttern, damit man sie dann vom Hals hat und mit dem Abendmenü und dem Service für die Erwachsenen beginnen kann. Somit lernen die Kinder nie, mit ihren Eltern ordentlich im Restaurant am Tisch zu essen und in Ruhe sitzen zu bleiben, da sie ja schon bei der Vorspeise der Erwachsenen mit ihrem Nachtisch fertig sind. Das mag ja vielleicht einmal lustig und erholsam sein, wenn man sich in einem Restaurant mit angrenzender Kinderbetreuung befindet.« Ich redete mich in Rage. »In den meisten Fällen im Leben allerdings, wenn man essen geht, gibt es keine Kinderbetreuung. Nun hat man sich aber kleine Teufel erzogen, die Blödsinn machen und nerven, weil sie mit dem Essen schon fertig sind, wenn wir gerade erst damit begonnen haben. Findest du nicht, Katharina?«

»Doch, absolut. Ständig wird man gefragt ›Wann gehen wir endlich?‹!«
»So ist es, Katharina! Und leider«, fuhr ich erhitzt fort, »scheinen die Kellner in ihrer Ausbildung darauf getrimmt zu werden, die Frage ›Den Kindern bring ich das Essen aber zuerst, oder?‹ so in den Raum zu stellen, dass es die Kleinen auch garantiert mitbekommen, und bevor wir überhaupt antworten können ›Nein danke, wir essen gerne zusammen‹, hören wir schon die Kinder im Chor kreischen ›Ja, ja, Hunger, Hunger!‹.«
»Richtig, Elena, für die Kinder zu bestellen, ist der reinste Horror. Sie akzeptieren in Restaurants nur die fünf Kinderspeisen, weil sie über Jahre von der Gastronomie sukzessive darauf getrimmt wurden und alles andere eklig finden.«
»Kennst du auch die stimmungsaufhellenden Kotz- und Würgegeräusche, die sie am Tisch vorführen, wenn wir von der normalen Karte bestellen? Macht das deine Kleine auch? Moby Dick, Wicky oder der Räuberteller müssen her. Kinder sind Gewohnheitstiere, Tiere im wahrsten Sinne des Wortes, sie verwandeln sich von Teufeln zu Monstern, sind derart aufmüpfig und peinlich, dass man gewillt ist, das beschissene Smartphone aus der Handtasche zu ziehen, um sie ruhigzustellen. Zum ersten Mal versteht man die, über die man sich immer aufgeregt hat, oder nicht, Katharina? Man selbst wollte die Kleinen ja eigentlich nur mit Holzspielzeug aufwachsen lassen.«
Katharina lachte. Das spornte mich an. »Auch sieht der Tisch bei Beginn unserer Vorspeise schon aus wie ein Schlachtfeld in Mittelerde. Die Kellner räumen nämlich die stehen gelassenen, halb fertiggegessenen Speisen auf den Tellern der Kinder nicht ab, da die kleinen Racker ja

wieder kommen nach ihrem wilden Spiel oder mit viereckigen Augen vom vielen Fernsehen und dann möglicherweise noch Hunger verspüren könnten – die Hotelküche dann aber leider schon geschlossen hätte. Somit versuche ich mein Essen neben Tellern mit von Ketchup verschmierten, unappetitlich auseinandergerissenen Schnitzeln zu genießen. Dass die Kinder das mittlerweile völlig zerlaufene und zermantschte Dessert wirklich nicht mehr essen werden, ist dem Kellner nicht klarzumachen.«

»Aber Elena, das Schlimmste ist, dass er dann meistens auch noch recht behält und meine Kleine bei unserem Hauptgang komplett verschwitzt neben uns auftaucht. Wie ein Neandertaler greift sie über meinen Teller zu ihrem stehen gelassenen Dessert und hebt es zu sich rüber.«

»Und dann läuft die Hälfte des Nachtisches über meinen schön angerichteten Hauptgang ...«, fiel ich ihr ins Wort, und wie ich das kannte. »›Hunger, Mama, Hunger‹, kommt da nur von einem meiner Jungs. Dann sage ich: ›Kannst du nicht mal aufpassen. Mama möchte jetzt endlich auch mal essen. Du könntest wenigstens mal Entschuldigung sagen. Hörst du?‹«, fang ich an, Katharina die Szene bildlich vorzuspielen. »Der Kleine fängt an, das zerlaufene Dessert jetzt doch noch zu verspeisen. Zu dem Zeitpunkt schaltet sich Herr Karl ein: ›Hast du gehört, was die Mama gesagt hat?‹ ›Das ist aber lecker, Mama‹, kommt dann noch von der anderen Seite. Das ist mein anderer. ›Gut, Mama! Lecker! Lecker!‹ Mit hechelnder Zunge steht er vor mir. Ah, mein Großer macht jetzt auch das Hundespiel.

›Bitte, bitte, mmhhh ..., auch Fleisch, Fleisch!‹

Ich starre auf mein gutes Filetsteak. Na gut, ein Stückchen können sie ja probieren. Und weil es dem Großen so schmeckt, will natürlich auch der Kleine etwas. Nach Süßem bekommt man ja auch wieder Hunger auf etwas Herzhaftes, das haben sie von mir – wenigstens etwas. Und so schnell kann ich gar nicht schauen, wie mein Steak verputzt ist. Vergessen sind die Kotz- und Würggeräusche, plötzlich scheint das Filet das Beste zu sein, was sie je verspeist haben. Dann schaltet sich gerne der Herr Karl ein und bietet von seinem Teller ein Stückchen an. ›Jetzt lasst doch die Mama mal in Ruhe essen, Kinder!‹ So spielt es sich meistens ab, egal, ob auf Malle oder woanders.« Katharina lachte schallend. »Wirklich, Katharina. Weder ich noch Karl bekommen von unserem schönen Hauptgang etwas ab, und wir schwören uns immer wieder aufs Neue, dass wir beim nächsten Mal ihnen das Erwachsenenessen bestellen und nicht auf ihre Kotz- oder Würggeräusche hören.«

»Genau, Uhlig, und deshalb gehen wir jetzt in die Taverne Mittag essen. Kommt ihr mit?«, schaltete sich Karl ein, wie immer kam er wie gerufen. Natürlich wollte ich mit zum Mittagessen. »Ach, und vielleicht kommen deine Eltern auch mit, Katharina?«

»Mein Vater und meine Mutter gehen nicht zum Strand«, erwiderte Katharina.

»Huhu, hier sind wir«, hörten wir von Weitem Elfi flöten. Wenn sich Katharina da mal nicht getäuscht hatte …

Frau Uhlig findet es richtig nett

Fast jeden weiteren Urlaubstag verbrachten wir glückselig am Strand, und endlich waren wir wie die Familie aus der Werbung. Die meiste Zeit schaffte ich es tatsächlich auch, die Gedanken an die bevorstehende Abreise zu verdrängen. Jetzt war die Zeit des Erholens und Entspannens angesagt. Die nächsten Mittage genossen wir mit Katharina, ihrer Tochter, Elfi und Erwin in der Taverne. Erstaunlicherweise stellte Erwin als Erstes all-inclusive infrage. Noch überraschender war allerdings die Tatsache, dass Erwin sich so in das Meer verliebte und er nichts mehr von seinen Problemen mit dem Salzwasser hören wollte. Er entpuppte sich als großer Geschichtenerzähler über das Meer und die Schätze, die in ihm verborgen waren. Unsere Buben hingen wie Ertrinkende an seinen Lippen. Elfi war zahm wie ein Lamm, und ich konnte mit Katharina sämtliche Erziehungsproblematiken durchsprechen. Leider konnte Katharinas Mann in diesem Urlaub nicht kommen, was eine kleine Krise bei ihr auslöste. Elfi war eine wirklich tolle, verständnisvolle und liebende Mutter und stand ihr voll zur Seite. Katharina hatte die gleiche Problematik wie ich, nicht nur, was ihre Figur anging, die ich spitze fand, sondern auch beim Mann, der nie da war und für den sie in die Ferne gezogen war. Verschleppt hatte er sie nach Übersee, wie Herr Karl mich nach Österreich. Obwohl ich schon zugeben musste, dass die Heimat für mich leichter zu erreichen war als für sie. Hans-Georg und Gertrud gesellten sich nach ihren sportlichen Ausflügen immer wieder gerne zu einem Sundowner an den Strand. Auch das Wiener Paar konnte vom Strand nicht lassen. Rudolf entschuldigte sich mehrfach für seinen rüden verbalen Überfall an der Bar. Es sei so über ihn gekommen, als er Herrn Karl gesehen hatte. Er wollte doch nur als großer Fan seine Wertschätzung kundtun und war in Sorge, dass Herr Karl mit den finsteren Rollen eine große Fangemeinde verlieren, ja sogar verprellen könnte, und da hatte er es als seine Pflicht gesehen, davor zu warnen. Herr Karl versicherte ihm, dass er das letztlich ganz großartig fand, dass Rudolf sich getraut hatte, ihn so anzusprechen.

»Normalerweise wird immer nur Frau Uhlig so direkt angesprochen. Vor mir macht man einen Diener«, bemerkte Herr Karl selbstkritisch. Ich bezweifelte, dass diese Erkenntnis irgendeine Folge nach sich zog …

Frau Uhlig braucht die Strandtasche

Strandkorb? Welchen Strandkorb?«
»Die Tasche, Karl. Du weißt schon. Diese überdimensionale, diese tolle, mit zwei Lederriemen, diese ganz schlichte. Wir haben sie bei unserem Ausflug in diesem Kleidergeschäft gesehen. Diese Größe habe ich bei einer Strandtasche noch nie gesehen, wirklich. Da geht alles rein, alles!«
»Ja. Und dann kannst du sie nicht mehr tragen, Uhlig.«
»Natürlich kann ich sie tragen. Und sonst trägt man sie halt zu zweit. Ist auch viel romantischer.«
»Uhlig, versteh ich dich richtig? Du willst jetzt nicht mit uns an den Strand und den letzten wirklich richtigen Urlaubstag genießen, sondern an das andere Ende der Insel gondeln, um diesen völlig absurden Korb …«
»Es ist kein Korb, Karl, es ist eine Tasche!«
»… diese Strandtasche zu kaufen? Wir hatten doch schon den gesamten Tag, als wir da vor Ort waren, die Diskussion über diesen Korb. Fünfmal bist du in den Laden, zweimal musste ich mit, einmal hast du sogar die Kinder hineingeschleift, und jedes Mal haben wir klar gesagt: Nein.«
»Du hast gesagt: Nein.«
»Weil du meine Meinung hören wolltest, Uhlig. Aber weißt du was? Mach doch, was du willst. Das machst du doch eh. Fahr doch ans andere Ende der Insel und kauf dir diesen beknackten Korb. Und ich wette, zu Hause

steht er wieder in der Ecke herum! Weil du keinen Platz mehr hast für deine ganzen Taschen!«

»Wirklich, ich fühl mich total ungerecht behandelt von dir. Ich hab jetzt auch gar keine Lust mehr auf diese Tasche. Die hast du mir verdorben.«

»Ach wirklich? Hab ich das? Das tut mir aber leid, Uhlig.«

»Warum bist du so zynisch und sarkastisch? Macht dir das Abreisen also auch zu schaffen, Karl?« Ich hatte Tränen in den Augen. Er wusste, wie schlimm das Abreisen für mich war.

»Uhlig, fahr einfach. Fahr hin und kauf dir diesen schönen Korb.«

»Schön? Du findest die Tasche doch schön, Karl?«

»Wunderschön, Uhlig. Wunderschön.«

Und damit gab mir Herr Karl einen heißen Kuss. »Aber schau, dass du nicht zu spät kommst. Die Buben würden gerne noch etwas von dir am Strand haben, bevor wir alle Mann zum Iberius fahren.«

»Karl, es ist erst zwölf.«

»Eben.«

Auf jeder Reise gibt es etwas, das ich nicht gekauft habe. Oftmals ein Fehler, wie sich danach immer herausstellte. Und deshalb ist es wichtig, genau in mich zu hören und zu entscheiden, ob ich es nicht doch brauche, denn wenn ich es jetzt nicht hier erledigte, hier, wo es einfach war, dann hätte ich womöglich zu Hause wochenlangen Stress gehabt. Natürlich hatte Herr Karl recht, und ich brauchte eigentlich keine Tasche. Aber was braucht man schon. Fakt ist, nachdem ich die Tasche erspäht hatte, ging sie mir nicht mehr aus dem Kopf. Sie hätte uns wirklich gute Dienste auf der Insel leisten können. Wie die Hottentotten mit Plastiktüten und der alten ausgeleierten Ekeltasche mussten wir zum Strand. Peinlich. Wirklich peinlich. Nach unserem Ausflug wurde mir klar, ich musste mir diese Tasche kaufen. Die Frage war nur, wann? Einen auf den anderen Tag hab ich es verschoben. Aber ohne diese Tasche in den Flieger zu steigen, wurde von Tag zu Tag undenkbarer. Ich kenne mich: Zu Hause wäre ich Amok gelaufen, hätte nächtelang im Internet verbracht, um sie letztendlich völlig überteuert zu bestellen. Die Nerven hätten blank gelegen, und Herr Karl und ich hätten uns richtig gestritten. Und deshalb hatte ich den stillen Plan gefasst, am vorletzten Tag schnell über die Insel zu fahren, um mir die Tasche zu schnappen. Hoffentlich war sie noch da, mir wurde ganz kalt bei dem Gedanken, dass sie weg sein könnte. Ich musste schnell los. Was ist das schon, das bisschen Sprit, der geopfert werden musste, wenn am Ende die Glückseligkeit stand? Ich wollte einen Weg der Güte einschlagen.

»Karl, ich kann dir doch auf dem Rückweg dieses Salz besorgen, das du so gerne gekauft hättest.«

»Uhlig, ich brauch kein Salz.«

»Aber du wolltest es doch so gern.«

»Wenn ich es gewollt hätte, hätte ich es gekauft.«

»Aber das Geschäft hatte doch schon geschlossen, Karl.«

»Ich werd auch ohne Salz glücklich.«

Das sagte er nur, um zu zeigen, wie bedürfnislos er ist, ich werd ihm das Salz mitbringen, da freut er sich später bestimmt, dachte ich auf der Fahrt zur Tasche. Und den Buben würde ich diese zwei Hosen, um die ich ebenfalls geschlichen bin, auch mitnehmen. Mallorquinische Pumphosen, die sie ganz wunderbar in Oberösterreich an der öffentlichen Badewiese ausführen konnten. Mir wurde warm ums Herz. Als ich so darüber nachdachte, kam mir der Gedanke, dass ich von dem Salz gleich noch mehr mitnehmen könnte, als Mitbringsel. Ich wollte alles in eine blickdichte Tüte packen, sodass man es nicht sah, und dann unter der Dreckwäsche im Koffer verstauen. Herr Karl wird es mir dann danken, wenn wir zum Essen eingeladen würden und wir ein Gastgeschenk brauchten. Wer freut sich da nicht über gutes mallorquinisches Salz? Dass dieses Salz mittlerweile in die ganze Welt exportiert wird, war ja nicht abzusehen. Und da ich mich ja so beeilen musste, weil der Herr mir so ein schlechtes Gewissen gemacht hatte und ich natürlich auch noch Zeit mit unseren Buben am Wasser verbringen wollte, was für eine Frage, ich bin ja keine Rabenmutter, griff ich einfach nach den ganzen Salzgeschmacksrichtungen, ohne zu probieren. Eher untypisch für mich und an dieser Stelle zugegeben ein Fehler, denn nicht jedes Salz traf unseren Geschmack, wie sich später herausstellte. Jeder zieht mal einen Schwarzen Peter. Aber zu meiner Ehrenrettung muss ich sagen, dass es bei zehn Stück Mengenrabatt gab, und somit relativierte sich der Schwarze Peter, außerdem musste ich ja meine neue große Strandtasche füllen … Die wirklich wunderbar ist. Selbst im Winter kommt sie bei mir zum Einsatz, da sie die einzige Tasche ist, die nicht umfällt, wenn man sie vollstopft, und in die sämtliche Skianzüge passen. Dass wir die Anzüge im Winter erst einmal nicht fanden und es einen großen Streit gab, möchte ich außer Acht lassen. Im Herbst hatte ich sie darin verstaut, damit die Tasche nicht ungenutzt herumstand. Leider hatte ich das vergessen. Auch ich vergesse mal was. Niemand kam darauf, dass in der Sommerstrandtasche Skianzüge untergebracht waren. Aber gott-

lob verkrallte sich die Katze im Sisal der Tasche und riss sie um, sodass die Skianzüge zum Vorschein kamen und uns eine Menge Geld für den Neuankauf von nicht auffindbaren Skianzügen erspart blieb. Ich hab doch Herrn Karl immer gesagt, dass die Katzen nützlich sind.
Als ich nach meiner erfolgreichen Shopping-Tour zum Hotel zurückfuhr, dachte ich noch daran, dass ich tanken könnte, damit das Problem am Abreisetag auch schon gelöst wäre. Der Haken daran war nur, dass man Leihautos immer vollgetankt zurückstellen musste. Und wir hatten doch für den Abend ein gemeinsames Essen im Iberius ausgemacht, das hieß, eine Autofahrt stand uns noch bevor, und dann wäre der Tank am nächsten Tag nicht mehr voll. Oh nein, mir rannte schon wieder die Zeit davon und auch die Gedanken … Tanken konnten wir morgen, der Flug war ja erst am Nachmittag, aber für die Buben, die am Strand auf mich warteten, war es jetzt auch zu spät. Ich wollte mich noch von Hubi verabschieden, und packen musste ich auch noch. Und Hunger hatte ich. Iberius! Der Abend würde toll werden. Da habe ich dann Zeit für die Buben. Vielleicht sollte ich doch den Tintenfisch in Tintensauce probieren. Den Gaumen sollte man schulen. Herr Karl wird begeistert sein.

Frau Uhlig muss sich verabschieden

Im Hotel war ich inzwischen bekannt wie ein bunter Hund. Und Hubertus von Haltermeier war hocherfreut, dass ich aus der Not eine Tugend gemacht hatte.

»Welche Not, Hubi? Das Hotel war immer toll, nur wir hatten uns nicht darauf eingestellt. Aber sich auch einmal auf etwas Neues einzulassen, erweitert den Horizont. Trotzdem denke ich, dass wir uns das nächste Mal ein kleineres Hotel suchen werden, auf Mallorca gibt es ja noch so viel zu entdecken.«

Ich zwinkerte ihm zu. Er schob mir eine Karte mit seiner Handynummer über den Tisch zu.

»Und wenn du mich brauchst, jederzeit, Principessa. Mit uns haben Sie immer schöne Ferien …«, nun zwinkerte er mir zu.

»So, jetzt muss ich aber, Hubi. Ich hab noch so viel zu erledigen. Wir wollen nachher alle zum Iberius gehen und Abschied feiern. Herr Karl hatte sich das zum Abschied gewünscht.«

»Ah, gut zu wissen. Dann streiche ich euch vom Say-goodbye-Barbecue. Wer kommt denn alles mit? Die kommen auch gleich von der Liste.«

»Elfi und Konsorten, die Wiener hatten auch Lust angemeldet. Falls die Sauna heute kalt bleibt, kommen auch Gertrud und Hans-Georg mit.«

»Ach, übrigens, schöne Tasche. Ist die neu?« Er grinste und deutete auf meine überdimensionale Strandtasche.

Ich knuffte ihn in die Seite und zog ihn in meine Arme. »Ich werde dich vermissen, Hubi. Aber Malle ist ja immer eine Reise wert, und Herr Karl will bestimmt einmal die Ausgrabungen auf der Insel besichtigen, für die wir keine Zeit gefunden haben.«

»Die sind auf jeden Fall eine Reise wert. Dann werde ich euch ja vielleicht mal wiedersehen. Vielleicht nicht hier im Hotel, aber an anderer Stelle. Aber bis dahin hätte ich eine Bitte. Du weißt, es ist mir jetzt ganz peinlich. Aber kann ich ein Foto von uns beiden für meine Mama haben? Sie ist doch so ein großer Fan.«

»Und du nicht, oder wie soll ich das verstehen?«

Jetzt zog er mich in die Arme und drückte mich. Abschied, muss man ja sagen, ist ein bisschen wie Sterben, jedes Mal ein kleiner Tod. Oh nein, oh nein, mir wird schon ganz übel bei dem Gedanken. *Fuku fuku Schallaschallawawa*. Weg mit bösen Gedanken. Weg. Weg. Erst einmal gehen wir alle noch schön essen, aber dann … *Fuku fuku Schallaschallawawa* …!

Abreisen ist wie Schluss machen. Gehen. Verlassen. Wie oft habe ich schon gedacht: Komme ich hier jemals wieder hin? Man muss loslassen. Ziehen lassen. Den Platz aufgeben. Manche Leute sehen den Aufbruch ja positiv. Zumindest ist man nicht der, mit dem Schluss gemacht wird. Man ist der, der geht. Für den anderen ist es schlimm. Er ist der, der zurückbleibt. Am Flughafen, bevor man durch den Check-in muss, kann man diese herzzerreißenden Szenen sehr gut beobachten: Menschen, die nicht voneinander lassen, die wie ertrinkend aneinander hängen, tränenüberströmt, den Moment festhalten, bevor sie unweigerlich loslassen müssen. Und dann? Die,

die dann gegangen sind, schlendern durch Duty-free-Shops, sind vom reichhaltigen Angebot abgelenkt. Manche sind getrieben, auf der Suche nach dem letzten Platz im Flughafen, wo man rauchen darf. Während der ersten Züge an der geliebten Zigarette haben sie den Partner schon vergessen. Draußen aber bricht der Verlassene zusammen, er muss getragen werden von möglichen Familienmitgliedern, die zur Unterstützung und Hilfestellung mitgekommen sind. Schon im Vorfeld waren sie eingeplant, um das Unheil, das drohende, das nun hier einsetzt, ein bisschen abzufedern. Aber nichts kann den Verlassenen trösten, der Boden ist weg. Alles hier erinnert an die schönen Momente, nichts ist neu, nichts lenkt ab, die Welt und der Ort hier sind nur in Zweisamkeit genießbar. Verloren, verlassen, allein und nie geheilt. Der, der den Ort verlässt, dem geht es prächtig nach der Zigarette. Er entdeckt Neues. Die Vorfreude auf die Reise stellt sich ein. Lässt das Alte zurück, wirft den Ballast ab. Beschwingt in ein neues Leben. Ja, so stellt sich das der Verlassene vor. Aber das Gehen ist auch nicht einfach. Ich zum Beispiel kann ganz schlecht abreisen. Ich bin viel besser darin, verlassen zu werden und dem anderen ein schlechtes Gewissen zu machen. Das ist wie beim Schlussmachen: Derjenige, der abreist, also geht, dem geht es super. Aber das gilt doch nicht für uns Frauen. Was wir uns für einen Kopf machen! Also, ich kann ja nur von mir reden, aber mir geht es die Tage vor der Abreise eigentlich schon schlecht. Bei einem Kurzurlaub, wenn ich es recht bedenke, die ganze Zeit. Denn sobald ich angekommen bin, geht's mir auch nie gut, weil ich bei der Ankunft eigentlich schon wieder abreisen muss. Schluss machen und gleich wieder Schluss machen, Dop-

pelschluss sozusagen. Da stimmt die Redewendung »Doppelt gemoppelt hält besser« ganz und gar nicht.
Der Abschied von Hubi war schon nicht leicht. Aber wie verabschiedete ich mich von Elfi und ihrer Familie? Grauenhaft!
Über mir hing das Damoklesschwert, wie ein Schleier legte sich das Unheil auf mein Gemüt. Meine Seele bekam wie immer Risse, wurde vom Schwert geritzt. Die Kinder wollten eh nicht weg, das wusste ich. Sie werden mich dafür verantwortlich machen, dass ich ihnen das Schöne und die neu gewonnenen Freunde nehme. Sie werden mich morgen hassen, sie werden die Mami nicht mehr lieben. Herr Karl ist da pragmatisch. Er handelt mehr nach dem Motto: auf zu neuen Ufern. Den Ort haben wir jetzt gesehen. Ist gut, wenn auch etwas anderes kommt. Und wenn's uns doch so toll gefallen hat, kann man wieder hinfahren, da musste man nicht so ein Gewese machen. »Kinder wollen nie weg, das ist ganz normal, die wollen ja auch nicht hin«, hatte er lachend gesagt. Nie nahm er mich ernst! Er hatte auch kein Problem mit Packen. Er musste sich auch keine Sorgen darum machen, Menschen zu verletzen, da er gar keine Beziehung zu ihnen aufgebaut hatte. Dieses Unverständnis von ihm heute Morgen schoss mir wieder durch den Kopf. Dafür könnte ich ihn schütteln.
»Aber Karl, du warst doch so oft bei dem Mann im Supermercado, willst du dem da nicht Tschüss sagen?«
»Uhlig, ich hab da nur Espresso getrunken.«
»Aber fast täglich.«
»Soll ich mich beim Chef verabschieden und sagen, dass er ab jetzt kein gutes Geschäft mehr macht, weil wir jetzt gehen? Oder wie stellst du dir das vor, Uhlig?«

»Karl, der war immer ausgenommen freundlich zu dir.«
»Das ist sein Job, Uhlig.«
»Und die Geschichte, Karl, von seiner Familie, wie sie von Ibiza nach Mallorca geflohen sind … um dort ein neues Leben zu beginnen … die hat dich nicht berührt? Und Annabella, Karl, die ihn in ihrem Urlaub hier kennengelernt hat und nicht wiederkam … obwohl sie es doch versprochen hatte … So viel Geld hat er ihr nach Deutschland geschickt, um ihre Steuersache in den Griff zu bekommen. Ich glaube ja, Karl, er ist auf eine Heiratsschwindlerin hereingefallen. Anders ist das auch nicht zu erklären, oder? Sie hat ihm die große Liebe geschworen. Schrecklich. Mein Herz weint, wenn ich daran denke!«
»Uhlig, bist du verrückt geworden?«
»Nein, ich interessiere mich nur für unsere Mitmenschen, und ich möchte, dass du dich jetzt verabschiedest und sagst, dass du nicht wiederkommst, damit er wenigstens bei uns weiß, woran er ist.«
»So, ich werde jetzt duschen, Uhlig, und dann gehen wir zum Strand.«
»Ja, geht ihr nur. Recht habt ihr. Macht's euch schön. Ich kann nicht, ich muss packen.«
»Wofür musst du jetzt packen, Uhlig?«
»Für unsere Abreise, Karl.«
»Wir fliegen doch erst morgen Nachmittag, da haben wir heute Abend noch genug Zeit, die Sachen schnell in den Koffer zu werfen. Schließlich muss sich die Uhlig ja nicht mehr überlegen, was sie mitnimmt.« Er lächelte. »Also lass uns gemeinsam einen schönen letzten Strandtag machen!«
»Karl, auch wenn du mich jetzt belächelst, ich schaff das

nicht. Es ist noch so viel zu erledigen, und ich muss mir auch noch dringend diesen Strandkorb holen.«

So, Uhlig, Gedanken weg. Die Tasche hast du jetzt, aber viel zu erledigen ist immer noch, bevor wir alle ins Iberius aufbrechen.

»Mama, Mama, hier sind wir!« Die Buben kamen völlig versandet, aber freudestrahlend auf mich zugerannt. Erledigen konnte ich jetzt gar nichts mehr.

Frau Uhlig gibt Gas

Himmelherrgott noch mal, warum muss das immer so eine riesige Hetze am Abreisetag sein!«, fluchte Herr Karl.

Aha, nicht nur ich habe ein Problem mit der Abreise, freute ich mich insgeheim. Wir mussten auschecken, zahlen, kontrollieren, diskutieren, den Rest einpacken, wenn man überhaupt schon einen Teil gepackt hatte. Der Koffer ging nicht zu, normalerweise packten wir den Rest in Tüten, aber dafür hatte ich diesen wunderbaren Strandkorb erworben. Die Kinder hatten die letzten sauberen Klamotten beim Frühstück bekleckert, und Herr Karl musste unbedingt mit Klaus telefonieren, denn es gab ja keinen passenderen Zeitpunkt. Ich wusste nicht, wo die Pässe waren, und schmiss die Nerven weg.

Völlig entnervt saßen wir in unserem Leihauto. Die Kinder klebten unter dem Autodach, das Auto schien in der Nacht geschrumpft zu sein, und das nicht nur wegen des aufblasbaren Wasserkrokodils.

»Dieses Krokodil musste unbedingt sein, nicht wahr, Uhlig?«

»Als Kind wollte ich immer so ein Krokodil haben.«

»Ja, du, Uhlig.«

»Entschuldige, Karl, du hast es doch letztendlich nach dem Erlebnis am Quallenstrand den Kindern gekauft!«

»Weil du diesen Kauf auf dem Weg zum Rutschparadies eingeleitet hast, Uhlig.«

»Müssen wir das jetzt ausdiskutieren, Karl? Jetzt geht es doch darum, dass wir den Flug nicht verpassen. Außerdem geht es mir gerade psychisch schlecht, da wir unsere neu gewonnenen Freunde zurücklassen müssen. Die Katharina ist mir wirklich sehr ans Herz gewachsen. Und die Elfi hat es auch am rechten Fleck. Und wenn ich erst an den Erwin denke …«

»Lenk nicht vom Thema ab, Uhlig.«

»Karl, du hast das Krokodil gekauft.«

»Aber doch nur, weil du den Kindern den Gedanken daran eingepflanzt hast, du Medium, du, dass sie es unbedingt brauchen. Die Kinder brauchten es nicht, Uhlig.«

»Doch, die Kinder brauchten es. Und ich hätte es mir in der Jugend so gewünscht, so ein Krokodil …«

»Eben. Du hast es dir gewünscht, nicht unsere Kinder.«

»Aber jetzt lieben sie es!«

»Das ist ja das Problem, Uhlig.«

»Wir verpassen den Flug, Karl.«

»Und wenn du gestern getankt hättest, Uhlig, wären wir jetzt nicht so in Eile.«

»Aber es war schon so spät, weil du im Iberius mit Erwin und Rudolf nicht zu bremsen warst. Die Kinder waren schon total drüber. Aber Hauptsache, Herr Karl schwadroniert, und Iberius holt noch eine Flasche Wein für besondere Gäste aus dem Keller.«

»Uhlig, lüg nicht. Du wolltest nicht tanken, du wolltest sparen.«

Herr Karl wollte noch gestern Nacht tanken, ich nicht, da hatte er recht, obwohl ich ja tatsächlich kurz darüber nachgedacht hatte bei meiner Einkaufstour, aber beim Tanken bekomme ich manchmal einen Sparknall, da werde ich ganz komisch pfennigfuchserisch. Ich möchte immer erst kurz vor der Rückgabestation tanken, denn man muss das Leihauto vollgetankt zurückgeben. Das heißt, hätten wir gestern Nacht getankt, könnte der Strich heute womöglich bei der Abgabe ein bisschen unter »voll« sein, da wir ja noch ein paar Kilometer vom Hotel bis zum Flughafen fahren mussten und ich nicht wollte, dass die Halsabschneider der Autovermietungsfirma nachtankten, denn das kostete richtig viel, eine Lawine. Quasi so, als ob der Tank vorher leer gewesen wäre, so viel kostet das, und vom Benzinpreis auf Inseln fange ich gar nicht erst an. Es gibt auch die Version, bei der das Auto mit leerem Tank zurückgegeben wird, da hätte ich dann vorher so beim Tanken gespart, dass die Gefahr bestanden hätte, den Flughafen mit dem Leihauto nicht zu erreichen, da wir beim letzten Kreisverkehr vor dem Flughafen leider mit leerem Tank auf der Mittelspur liegen geblieben wären. Bei dem eigenen Auto reicht die Reserve immer länger. Ich weiß auch nicht, woran das liegt, vielleicht hat das etwas damit zu tun, dass man sich in der Heimat traut, länger mit Reserve zu fahren. Sobald allerdings die Reservelampe im Leihauto aufleuchtet, beginnt die Gefahr, man zählt förmlich die Meter, bis man liegen bleibt. Aber dieses Mal sollten wir das Leihauto ganz sicher mit vollem Tank zurückgeben. Aber das mündet leider in ein nervenaufreibendes Roulettespiel: die richtige Tankstelle vor dem Flughafen zu erwischen. Auf keinen Fall darf man bis zur letzten Tankstelle warten. Bei der sind die Benzinpreise so hoch, da könnte man genauso gut die Autovermietung tanken lassen und sich den ganzen Stress sparen. Ich muss es noch einmal sagen, mit diesen letzten Tankstellen vor dem Flughafen ist es wie vor den Grenzen, die es in Europa eigentlich gar nicht mehr gibt. Aber die Tankstellen haben die Grenzen nicht aufgegeben. Bevor man sein Land verlässt, wird es noch mal richtig teuer – eine fürchterliche Abzocke! Da muss ich nur an die Tanke vorm Brenner denken, die ist der Wahnsinn, und die Maut erst … und die Staus dort, aber gut, das ist ein anderes Kapitel. Nur so viel bleibt zu sagen: Dass man hier nicht mal eine vernünftige Lösung für den vielen Verkehr gefunden hat, ist unfassbar. Ganz Deutschland und Österreich müssen durch dieses Nadelöhr, wenn sie nach Italien wollen. Ganz zu schweigen von den Holländern und Belgiern, die da auch mal hinwollen. Der Brenner ist ein Brennpunkt, aber bei uns würde es gleich auch brennen, wenn wir keine Tankstelle fanden.

»Mein Lieber, du weißt, dass wir noch tanken müssen.«

»Uhlig, lass mich jetzt.«

»Was soll ich denn jetzt lassen, Karl?«

»Lass es einfach!«

»Entschuldige, ich war heute wirklich schnell beim Zusammenpacken.«

»Uhlig, es fängt schon beim Einpacken an.«

»Was?«

»Das.«

»Das, bevor wir hierherflogen, Karl? Wieso? Ich hab doch wirklich super gepackt. Und die Übergangssachen haben wir dringend gebraucht.«

»Aber nicht die gefütterten Winterstiefel, Uhlig.«

»Entschuldige, mein Lieber, die hatten sie doch auf der Fahrt an. Hätte ich sie ihnen ausziehen sollen am Flughafen?«

»Nein! Zu Hause erst gar nicht anziehen, Uhlig!«

Im Stillen musste ich Herrn Karl Abbitte leisten, aber nur im Stillen.
Schnell musste ich vom Einpackthema ablenken, die Stimmung war eh schon gereizt und die Zeit bis zum Abflug knapp.
»Du denkst ans Tanken, ja?«
»Genau wie du, Uhlig.«
Wie wir es zum Flughafen geschafft haben? Egal, wir haben es geschafft, und wir haben auch getankt. Leider ging das Krokodil beim Herausziehen aus dem Auto kaputt. Das Geschrei war groß, und Herrn Karl wurde das Versprechen abgerungen, zu Hause sofort ein neues Krokodil zu besorgen. Wir hetzten die Gänge entlang. Nur, wo war denn der Übergang zum Flughafen-Terminal, im zweiten oder dritten Stock?
»Wo war der Abflug noch mal?«
»Mama, ich hab Hunger!«
»Gleich, mein Schatz, gleich!« Ich strich dem Großen beruhigend über den Kopf.
»Die Kinder haben doch gerade erst gefrühstückt, Uhlig!«
»Aber wenn er Hunger hat?«, entgegnete ich.
»Dann hat er halt Hunger. Jetzt lass uns doch bitte erst einmal einchecken.«
»Ich muss mal«, hörten wir den Kleinen sagen. In mir stieg die Hitze auf, voll bepackt und völlig überfordert am Flughafen von Mallorca. Wir stellten uns in die Schlange des Check-in-Schalters.
»Entschuldigung. Sind Sie nicht der Herr Karl? Dass ich das noch einmal erlebe! Sie sind mein Lieblingsschauspieler!«, sprach uns eine Dame von hinten an, die sich auch gerade in die Schlange stellte.

»Mama, ich muuuss mal!« Der Kleine wurde hysterisch. Nun wurde die Dame auch meiner gewahr: »Aber Sie kenne ich doch auch! Sie haben doch, Sie haben doch, helfen Sie mir mal. In welchem Film haben Sie mitgespielt?«
Diesen Moment nutzte Herr Karl aus, typisch.
»Ich geh mit dem Kleinen aufs Klo. Uhlig, du kannst doch schon mal einchecken.«
»Kennen Sie meine Mama aus dem Fernsehen?«, fragte der Große die Dame.
»Ja, Lieber, die Dame kennt die Mama aus dem Fernsehen«, bestätigte ich dem Großen.
Ich wandte mich wieder der Frau zu. »Ich kann Ihnen das gar nicht sagen. Ich hab ganz viel gemacht. Aber es ist auch ganz unwichtig, es fällt Ihnen bestimmt wieder ein.«
»Aber das ist mir jetzt ganz peinlich.« Die Frau wurde rot.
»Nein, bitte. Bitte, das muss es wirklich nicht. Sie haben mein Gesicht gesehen und gedacht, ah, die kenn ich auch irgendwoher. Oder Sie haben mich und Herrn Karl einmal in einer Zeitschrift gesehen«, versuchte ich die Frau zu besänftigen, während wir in der Schlange langsam voranrückten.
»Nein, das ist mir jetzt wirklich sehr peinlich.«
»Was ist der Dame peinlich, Mama?«
»Nichts, mein Schatz, nichts ist hier peinlich.«
»Next please.«
Wir waren an der Reihe. »Dann noch mal nichts für ungut, und Sie sind eine tolle Schauspielerin. Ganz, ganz toll. Wirklich! Bleiben Sie, wie Sie sind.«
»Sie auch!« Wir umarmten uns, und wir kamen endlich zu unserem Check-in-Schalter.

»Was wollte die, Mama?«
»Nichts, mein Schatz. Nichts.«
»Passport please!«
Gut, dass ich am einzigen Schalter gelandet war, an dem man kein Deutsch zu sprechen schien ... Umständlich kramte ich unsere Pässe hervor.
»Maybe, is it possible to sit together? Because on the fly to here, on the Hinfly, they give me, also me and my kids, one role, also I mean, one line, three seats together, A – B – C, but my man they put in another line far away from us. But we want to fly together home. So I want to ask, if it is possible, to sit together and my man has a goldcard, so his seat next to him must be free. Maybe we can have two lines together and so we have more place.«
»Ich hab Hunger, Mama!«
»Gleich, mein Schatz, gleich. Ich muss dem Herrn nur kurz erklären, dass wir diesmal zusammensitzen wollen.«
Ich wandte mich wieder an den Mann am Schalter, der mich leider verständnislos anblickte. »And maybe it is possible that we do not sit by the fly, I mean the fly. Also, I do not know the word. Birds have it also, I mean the Flügel, you know? Because the kids cannot see anything out of the window. Sorry, my English is not so good, but you understand?«
Ich starrte den Herrn am Schalter fragend an. Er starrte zurück. Die Sekunden vergingen wie gefühlte Minuten. Okay, also weiter, der schien schwer von Begriff zu sein.
»A sit where the Blick is free. I like very much the first line, when it is possible for you. Hello? You understand, what I say?«
»Uhlig, sind wir eingecheckt?«

Ich erschrak. Herr Karl war mit dem Kleinen wieder aufgetaucht.
»Was ist denn los? Passt was nicht, Uhlig?«
Herr Karl schaute mich besorgt an.
»Nein, ich habe gerade nur versucht zu erklären, dass wir auf dem Hinflug nicht zusammengesessen sind und es doch wirklich gut wäre, wenn du nicht in einer ganz anderen Reihe irgendwo hinten sitzen würdest und wir nun auf dem Rückflug endlich zusammensitzen könnten. Und dann hab ich ihm erklärt, dass du eine Goldkarte hast und natürlich die Reihe über den Flügeln auch nicht optimal für uns ist, weil es ja schon für die Kinder wichtig wäre, wenn …«
»Uhlig!«
Herr Karl wandte sich dem Service-Angestellten zu: »Is it possible to sit together?«
Klar, so hätte man es auch sagen können, schoss es mir durch den Kopf. Ich sag nur KuK. Natürlich bekamen wir nun zusammenhängende Plätze mit einem super Ausblick.

Frau Uhlig atmet durch

Wir hatten es geschafft. Wir waren unbeschadet durch die Pass- und Körperkontrolle gekommen, was bei meinen Kindern ja nicht immer so einfach ist. Es gab diesen unschönen Moment am Münchener Flughafen, den ich nie vergessen werde: Wieder ging es um Irland. Ich hatte die Kinder gebeten, ihre Spielkoffer dieses Mal selbst zu packen, irgendwann müssen sie es lernen, und wie man an mir sieht, besser früher als später. Wir standen also bei der Körperkontrolle, da bin ich mittlerweile total cool, und sprach die Texte der Security mit. »Nein, ich habe kein Kleingeld in meinen Hosentaschen. Nein, ich habe keinen Laptop dabei, muss ihn nicht aus dem Handgepäck nehmen. Flüssigkeiten führe ich auch keine mit mir. Nein, halt das Nasenspray für den Kleinen! Bitte schön. Gern geschehen. Piercings habe ich keine und auch keinen Schmuck, den ich jetzt ablegen könnte.« Ich lächelte den Security-Mann vor mir an, zwinkerte ihm zu und ging ganz cool durch die Schleuse. Alles war natürlich einwandfrei. Ich drehte mich um und winkte meinen Buben zu. Jetzt waren sie an der Reihe. Da wurde ich gestoppt.

»Haben Sie eine Waffe dabei?«

»Wer, ich?«

»Ja, Sie.«

»Natürlich nicht. Wo denken Sie hin?«

»Sie haben also keine Kleinkaliber im Handgepäck?«

Mir wurde leicht schwarz vor den Augen. Mittlerweile war der Mann lauter geworden und zeigte auf meinen Handgepäckskoffer, der auf dem Förderband lag und gerade aus dem Durchleuchtungstunnel herauskam. Ich wollte auf meinen Koffer zugehen, da wurde ich lauthals gestoppt.

»Stehen bleiben. Nichts anfassen. Bleiben Sie fern!«

»Entschuldigen Sie mal, wie reden Sie mit mir?«

»Stehen bleiben, hab ich gesagt!«, wurde ich noch eine Spur lauter angeblafft. Mittlerweile war auch der letzte Fluggast in der Schlange auf mich aufmerksam geworden. Auch die Security am Nachbarband hatte ihre Arbeit unterbrochen und starrte mich an. Stumm deutete der Mann nun auf den Monitor, und in der Tat waren riesenhaft schwarz die Umrisse von Pistolen zu sehen, nicht eine, nein, gleich zwei waren es. Wenn man sonst einen Blick auf diesen Monitor erhascht, frage ich mich immer, wie die da etwas erkennen können. Bis zu diesem Zwischenfall war mir das immer schleierhaft. Aber nun wusste ich, eine Pistole erkennt man sofort. Ich starrte fassungslos auf den Monitor.

»Und das ist mein Gepäck?«

In dem Moment fiel es mir wie Schuppen von den Augen. Es war nicht mein goldener Handgepäckskoffer, es war der dahinter, der kleine rote Koffer, der Koffer der Kinder. Wusste ich's doch, dass die Karnevalspistolen, die meine Mutter den Süßen für ihren ersten großen Karnevalsauftritt geschenkt hatte und die schon damals bei der Einfuhr nach Österreich für Probleme gesorgt hatten, mir irgendwann auf den Kopf fallen würden. Die Situation war grotesk. Man wollte mir nicht glauben, der Kleine fing zu weinen an, schließlich öffneten Sicherheitsbeamte den Koffer. Der Kleine weinte noch lauter, da man die Pistolen nun dem Müll übergab. Keine Chance, sie im Handgepäck mitzunehmen. Der Kleine war außer sich, und nun fing der Große auch noch an, den Kleinen damit aufzuziehen. Spätestens jetzt wusste der Flughafen, dass wir hier sind. Herrlich! Solche Flüge liebe ich.

Aber dieses Mal ging bei der Kontrolle alles glatt. Verdächtig reibungslos. Viele Kontrollschleusen waren geöffnet, nichts hakte, und wir gelangten zügig zu den heiß ersehnten Duty-free-Shops. Der Flughafen von Mallorca ist riesig und der Bereich nach den Kontrollen umso mehr. Da merkt man, dass man sich auf einer Touristeninsel befindet. Bierstände, Fressbuden, Souvenirshops reihten sich hier aneinander. Ach wie schön, auch Health-Shops, wo man das gute mallorquinische Salz kaufen konnte, gut, dass ich dafür um die halbe Insel gefahren war … Und wie gut, dass ich dafür fast einen halben Tank leer gefahren hatte, aber über das Tanken will ich jetzt gar nicht mehr reden. Wir befanden uns im Terminal A und hatten noch eine Stunde Zeit bis zum Abflug, da hätten wir uns gar nicht so hetzen müssen im Hotel.

Ich hatte den erschöpften Kleinen auf dem Arm, der Große trottete uns hinterher. Herr Karl wollte sich noch schnell ein Buch über die Salzgewinnung in Mallorca anschauen, das gerade auflag, und ich kostete das Salz, das zum Probieren bereitstand. Währenddessen fiel mir auf, dass wir seit dem Frühstück nichts mehr gegessen hatten. Es wurde höchste Zeit für ein Mittagessen, wir waren nun im richtigen Bereich und hatten alle Sicherheits-Checks bravourös gemeistert. Mein Magen knurrte.

»Lieber«, wandte ich mich an Herrn Karl, »wollen wir nicht noch kurz schauen, wo wir hier noch was Leckeres zu essen finden, bevor wir in den Flieger steigen, wo man dann nur noch diese pappigen Sandwiches gereicht bekommt?«
Herr Karl schien mal wieder taub zu sein.
»Die Kinder haben Hunger! Hörst du nicht?«
»Kann ich einmal was in Ruhe lesen, Uhlig?«
»Wenn wir was gegessen haben, dann ja, Karl.«
»Uhlig, du machst mich wahnsinnig. Was willst du denn essen?«
»Ich will gar nichts essen. Ich hab gar keinen Hunger«, log ich, »aber der Große hat doch die ganze Zeit gejammert.«
»Ja, Uhlig, aber jetzt jammert er gar nicht mehr. Es ist doch alles in Ordnung.«
»Bitte, holst du ihm jetzt was zu essen, Karl?«
»Was denn, Uhlig?«
»Frag ihn halt.«
Herr Karl drehte sich um und wieder zu mir zurück.
»Wo ist er denn?«
»Na, hinter dir.«
»Nein, da ist er nicht, Uhlig.«
Mir stockte der Atem. Das konnte doch nicht sein. Bitte, bitte nicht! Eine unsichtbare Hand griff nach meinem Herzen und drückte zu.
»Karl, wo ist er?«
»Bleib ruhig! Uhlig, ruhig. Er kann nicht weit sein.«
»Wo ist mein Kind?!« Meine Stimme überschlug sich.
Nun kam Leben in Herrn Karl: »Ihr bleibt hier, und ich gehe zurück und suche ihn. Er kann gar nicht weit sein!«
»Wo ist mein Kind?!«

»Gleich, Uhlig. Gleich! Gleich bin ich zurück und hab ihn«, und damit verschwand er in der Menge der Fluggäste.
Wie kann es sein? Wie kann es sein, dass man sein Kind verliert?! Und das nicht zum ersten Mal. Oh Gott, wenn ich daran denke, wird mir speiübel.

Frau Uhlig in Panik

Es trug sich in diesem fürchterlichen Bungalow-Resort zu, auf der Insel in Thailand mit wenig Strom, da, wo die Freunde in der Hängematte schaukelten und wir die ersten Tage in einem dunklen Gartenbungalow Quartier bezogen hatten. Nachdem wir dann endlich in dieses absurde Zelt auf Stelzen übergesiedelt waren, das genau eine Anlage weiter entfernt am Strand lag, aber viel kleiner als das Bungalow-Resort war, passierte das Unheil. Herr Karl saß gemütlich im Bungalow-Resort an der Bar, weil die ja angeblich WLAN hatten, wenn es Strom gab. Irgendwie musste man ja mit Klaus kommunizieren können, ein paar Punkte musste man halt doch immer besprechen. Egal.

»Lieber, ich geh kurz rüber zum Zelt, mir die stärkere Sonnencreme holen. Ich spür jetzt schon so ein leichtes Kribbeln am Dekolleté, und vielleicht hol ich mir auch noch so ein bisschen Calzium.«

Gut, dass ich die hoch dosierten Calziumtabletten dabeihatte. (An dieser Stelle ein Hoch auf meine Oma!) Ein Griechenland-Urlaub vor vielen Jahren, als ich noch Single war, sitzt mir jetzt noch in den Knochen. Da hatte man, wie die Leute auf Mallorca in der Hotelpoolanlage, nichts anderes zu tun, als stundenlang in der Sonne zu braten, aber nicht am Pool, sondern am Sandstrand. Da fanden wir uns cool, FKK war angesagt. Zwei Tage hatte es gedauert, bis mein Dekolleté wie eine Kraterwüste aussah. Oder besser gesagt, wie nach einem Vulkanausbruch, ich hatte alles blutig gekratzt. Ein halber Tag Krankenhausaufenthalt und Medikamente intravenös retteten meinen Urlaub. Auf jeden Fall konnte man beobachten, wie meine verschrumpelte, von Blasen überzogene und blutig gekratzte Haut zu der Zartheit eines saftigen Babypopos zurückkehrte. Bis heute weiß ich nicht, was in der Infusion war. Seitdem befolge ich den Ratschlag meiner Oma, schon Wochen vor den ersten Sonnenstrahlen meine Haut mit Calzium auf den Ernstfall vorzubereiten.

An jenem Tag war alles entspannt. Der Große spielte mit seinem Freund, dem Kind der Freunde, war also beaufsichtigt. Der Kleine saß zu Herrn Karls Füßen und malte mit einem Stock im Sand.

»Ich geh jetzt, ja?«, sprach ich Herrn Karl an, der versunken auf den Laptop, ein vorsintflutliches Gerät des Resorts, starrte.

»Ja, geh ruhig, Uhlig! Ich bin hier.«

»Passt du auf den Kleinen auf?«

»Uhlig, was denn jetzt?«

»Passt du auf den Kleinen auf, Karl?«

»Natürlich. Wo ist er denn?«

»Er spielt zu deinen Füßen. Aber du starrst nur auf den Laptop. Ist es denn okay, wenn ich gehe?«

»Ja, Uhlig, jetzt geh doch endlich!«

»Ich geh ja schon.«

Ich drehte mich um und marschierte zu unserem neuen Zelt-Resort. Herrlich! An diesem Tag war es endlich schön windig, was die Hitze ein wenig erträglicher machte. Aber ich fange jetzt nicht wieder mit der Klimaanlage an. Der Gegenwind wehte mir die Haare aus dem Ge-

sicht. Wunderbar, diese starke Brise! Beschwingt kam ich in unserem Resort an und hielt noch ein kleines Schwätzchen mit dem Chef. In radebrechendem Englisch, wie es uns gefällt. Die Thais können ja leider so schlecht Englisch, aber mit viel Goodwill verstand ich ihn und reservierte mit meinem exzellenten Englisch gleich einen der fünf Plastiktische fürs Abendbrot. Unsere Anlage war nämlich für das gute Essen bekannt. Jeden Abend wurde eine kleine Theke mit fangfrischem Fisch zum Selberauswählen aufgebaut. Die Zubereitung besprach man mit dem Kellner am Tisch. Das heißt, besprechen ist hier zu viel gesagt. Am Abend zuvor versuchte ich mit Händen und Füßen meinen Wunsch zu erklären: »No spicy, no.«
»Yeah, yeah, spicy, very spicy, very good spicy, good«, antwortete der Kellner freundlich nickend.
»No! Nein, hören Sie: nicht spicy, no scharf, medium.«
»Aha«, nickte der Thai verständnisvoll. »You like spicy, you like spicy no?«
»No! Yes! Right.«
Nun fühlte ich mich verstanden, der Thai lächelte mich freundlich an und sagte: »Okay. Coke and spicy Fish.«
»No. Not spicy! No! Please.«
»Uhlig, jetzt lass doch mal den armen Mann. Wir haben doch hier immer lecker gegessen.«
»Karl, die Kinder essen kein *Scharf*.«
»Aber den Kindern hat er doch noch nie *Scharf* gebracht!«
Herr Karl wandte sich dem Kellner zu und nickte, dieser verneigte sich und verschwand.
»Na wunderbar, Karl. Jetzt bringt der Mann mir was viel zu Scharfes!«
»Uhlig, du bestellst doch eh immer das Falsche, und ich

esse es dann. Es ist doch alles gut. Lass uns doch diesen herrlichen Platz hier genießen.«

Und wie immer hatte Herr Karl recht, und deshalb reservierte ich auch für diesen Abend einen Tisch. Jetzt aber musste ich schnell zum Zelt. Wie sagte meine Oma immer so schön? Man muss die Krankheit im Keim ersticken. Gut, dass ich mich beim Einpacken vor der Reise für den leichten Seidenschal entschieden und auch durchgesetzt hatte, denn Herr Karl befand auch diesen für überflüssig und wollte ihn nicht mit ins Gepäck nehmen. Kurzerhand schwang ich ihn mir damals um den Hals. »Dieser Schal bleibt. Er wird mir im Flieger gute Dienste leisten, die Aircondition ist doch immer viel zu kalt eingestellt. Außerdem wiegt er ein Nichts, nimmt überhaupt keinen Platz weg und befindet sich die meiste Zeit an meinem Hals. Ich werde mich jetzt nicht wegen des Halstuches vor dir rechtfertigen und erklären müssen.«

Wie gut es war, dass ich mich in diesem Fall durchgesetzt hatte, stellte sich nun hier heraus, denn ich konnte diesen Schal auch auffächern und um mein gefährdetes Dekolleté drapieren, um es so vor weiterer Sonneneinstrahlung zu schützen. Schnell huschte ich noch mal ins Außenbad, und beim Blick in den Spiegel konnte ich wohlwollend feststellen, dass der Schal nicht nur nützlich, sondern auch eine hervorragende Figur machte und zudem sehr dekorativ war. Kurzum, er stand mir ausgezeichnet. Herr Karl würde sich freuen, er hat es gern, wenn ich hübsch aussehe. Beschwingt und leichtfüßig hopste ich zu Herrn Karl zurück. Er saß noch immer vor dem Laptop und verzweifelte, der Kleine war jedoch nicht mehr unter seinen Beinen.

»Karl, wo ist der Kleine?«

»Uhlig, ich werd wahnsinnig. Nicht mal eine Mail geht hier raus.«
»Wo ist der Kleine?!«
»Bei dir!«
»Karl, der ist nicht bei mir. Ich hab ihn doch bei dir gelassen!«
»Uhlig, der Kleine wollte mit dir mit. Ich hab dir hinterhergerufen, dass er mitgeht.«
»Was gerufen, Karl? Wie?« Mir wurde kalt.
»Was? Wie gerufen, Uhlig? Ich hab dir hinterhergerufen, dass er mitgeht. Du hast dich doch umgedreht und mir verstehend zugelächelt.«
»Bei diesem starken Wind kann ich dich doch gar nicht verstanden haben, geschweige denn dir verstehend zugelächelt haben, ich habe gar nichts gehört. Ich hab dir vermutlich einfach nur so zugelächelt, einfach mal zugelächelt, Karl!« Ich wurde lauter. »Und du hast den Kleinen laufen lassen? Ohne dass ich das gewusst oder dir per Wort zu verstehen gegeben habe, dass ich dich gehört und es mitbekommen habe, dass der Kleine mir hinterherläuft? Karl, du hast gesagt, du passt auf ihn auf!«
»Aber er wollte zu dir, Uhlig.«
»Völlig egal, wo er hinwollte! Wo ist der Kleine?«
Schweigen.
Langsam erhob sich Herr Karl.
»Okay. Ganz ruhig. Weit kann er ja nicht sein. Uhlig, wo bist du hingegangen?«
Ich schnappte nach Luft.
»Wo? Wo bin ich wohl hingegangen, Karl?«
Wollte er mich wahnsinnig machen?
»Na, ins Zelt bin ich gegangen, das hab ich dir doch gesagt. Wegen meiner Sonnenallergie.«

»Und der Kleine war nicht bei dir und kam nicht im Zelt an, Uhlig?«
Ich fing an zu schreien: »Wo ist er, Karl? Wo ist mein Kind?«
»Uhlig, ganz ruhig. Ich geh ihn schon suchen.«
»Karl, wie lange war ich weg? Wenn es stimmt, dass er mir sofort hinterhergelaufen ist«, nackte Panik überkam mich, »dann ist er jetzt seit einer halben Stunde weg!«
Nun erkannte Herr Karl den Ernst der Lage. Er rannte los zu unserer Anlage. Ich lief außer mir vor Angst zu unseren Freunden und schrie ihnen schon von Weitem zu: »Bitte passt auf den Großen auf, der Kleine ist weg!«
»Wie, weg? Wer ist weg?«, fragte meine Freundin Kristin aus München verblüfft und schaute mich mit großen Augen an.
»Frag nicht, bitte«, kurz erklärte ich ihr, was passiert war. »Weg, weg ist er!« Mir schossen die Tränen in die Augen.
Kristins Mann erhob sich nun ebenfalls.
»Okay. Weit kann er nicht sein. Ich lauf zu dem Bungalow und schau da nach. Vielleicht ist er da hin.«
»Und im Meer?«, meinte Kristin.
»Wie im Meer? Was, was meinst du?« Entgeistert starrte ich sie an.
»Nichts, nichts mein ich. Aber im Meer kann er ja doch nicht sein, oder, Elli?«
Kategorisch lehnte ich diesen Gedanken ab.
»Nein, das Meer ist ihm ja viel zu kalt, oder …? Oder doch nicht?« Panisch schaute ich sie an. »Liebe, ich lauf jetzt los und suche. Bitte pass auf den Großen auf.« Kreischend rannte ich über den Strand. Immer und immer wieder rief ich mit sich überschlagender Stimme den Namen des Kleinen gegen den Wind an. Nichts. Ich schaute

hoch zur Zeltanlage und sah Herrn Karl dort wieder auftauchen. Aus der Entfernung schüttelte er den Kopf. Jeder, der es bis jetzt noch nicht mitbekommen hatte, war nun auf den Beinen. Mehrere Thais und Touristen liefen nun ebenfalls umher und schrien nach dem Kleinen. Kristins Mann tauchte neben mir auf. Auch in der Bungalowanlage war er nicht. Nichts. Wie vom Erdboden verschluckt. Was einem da durch den Kopf geht, unvorstellbar. Als Wasserleiche sah ich ihn angeschwemmt vor mir. Entführt von der Mafia oder von einer Mutter, die keine Kinder bekommen konnte, von Hunden zerrissen, zerfleischt und zerfetzt, von einem Motorrad totgefahren, jämmerlich im Sumpf untergegangen. Oh Gott, der Sumpf, das Sumpfgebiet! Als hätten Herr Karl und ich es gleichzeitig gespürt, stürmten wir in die Richtung. Nichts. Es begann zu dämmern. Nun wurde es allerhöchste Eisenbahn, wir mussten den Kleinen finden. Denn wenn es hier dämmerte, war es wie im Winter in Deutschland: Dämmerung und dann zack den Schalter aus und dunkel, nicht wie im Sommer drei Stunden lang blaue Stunde. Schwer atmend standen wir auf der Verbindungsbrücke, die das Sumpfgebiet zwischen Straße und Anlage überquerte. Verbindungsbrücke war ein eher euphemistischer Ausdruck für notdürftig zusammengewürfelte morsche Bretter, die man mit Seilen und Nägeln irgendwie zusammengezimmert hatte. Ich schaute Herrn Karl an, er schaute mich an. Die Moskitos schwirrten, und uns beiden war schlagartig klar, wenn es dunkel werden würde, war der Kleine verloren. Panik überflutete mich. Wie eine Ertrinkende packte ich Herrn Karl. »Bitte finde ihn. Er ist doch mein Baby!«

Herr Karl stürmte los in Richtung der anderen Anlagen,

ich, völlig entkräftet und dem Zusammenbruch nah, ihm hinterher. Es wurde immer dunkler. Wir trennten uns, der eine rechts, der andere links. Ständig begegneten wir Mitsuchenden. Nichts. Wo war mein Kind? Ich durchlebte noch mal die Geburt, wie eine Naturgewalt war er zur Welt gekommen. Wie ein Film liefen die Momente seines doch so jungen Lebens vor meinem geistigen Auge ab. Ich weinte haltlos. Wo war mein Kind? Ich konnte nicht mehr und sank auf den Boden. Vor meinem inneren Auge sah ich Eilmeldungen: *Der kleine Karl-Uhlig verschwand auf der thailändischen Insel spurlos. Die Eltern hatten ihn in einem unbedachten Moment laufen lassen. Seither ist das Kind verschwunden. Sämtliche Hinweise, die in irgendeiner Form zur Aufklärung dieses Falls beitragen könnten, bitte umgehend an jede öffentliche Polizeistation melden!*

Von einem Moment auf den anderen alles weg. Nichts mehr, wie es war. Unsere Familie würde auseinanderbrechen. Ich war nicht mehr fähig zu laufen, ich saß auf dem Boden und zitterte nur noch. Und dann sah ich ihn. Ich sah ihn. Von ganz weit weg kam Herr Karl auf mich zu. Er hatte die Hände in die Luft gestreckt mit dem Daumen nach oben, winkte wild und gestikulierte immer wieder mit dem Daumen nach oben. Er hatte ihn! Ich wusste es. Er hatte ihn gefunden! Mein Held. Er hatte unseren Sohn. Wut stieg in mir auf. Dem Kleinen würde ich was erzählen. Er hatte uns in Angst und Schrecken versetzt. Wie konnte er uns das antun? Schwankend stand ich vom Boden auf.

»Dem werde ich jetzt was erzählen, aber so richtig was erzählen.«

Kristin hielt mich fest und begann mich zu schütteln.

»Elli, es ist alles gut. Er ist da. Und Elli, du machst jetzt nichts! Du nimmst ihn nur in den Arm!«
»Aber er hat mich in Angst und Schrecken versetzt! Wie konnte er mir das antun?!«
Meine Angst, meine Todesangst um mein Kind hatte sich in Wut gewandelt. Klar, die angestaute Energie musste ja irgendwo hin.
»Elli, hörst du? Du nimmst jetzt gleich den Kleinen einfach in den Arm, und schimpf nicht! Der weiß ja gar nicht, was los ist. Und womöglich hat er selber Panik gehabt.«
Kristin hatte recht. Ich lief meinem Kleinen entgegen und fiel ihm um den Hals. Ich bedeckte sein Gesicht mit tausend Küssen. »Die Mama ist ja so froh, dass du wieder da bist. Ich hab dich so lieb. Du verrückter kleiner Kerl. Wo bist du gewesen?«, wiederholte ich mehrfach und schaute zu Herrn Karl.
»Bei einem alten Thai in der Küche war er, noch ein Resort von unserem entfernt, saß da ganz ruhig auf der Küchenbank mit gesenktem Kopf und traute sich vermutlich nicht, auf unsere Rufe zu antworten. Vielleicht sollten wir ihm erklären, dass es aber sehr hilfreich gewesen wäre, zu antworten. Das wäre wichtig, richtig wichtig!«
»Das werden wir, das müssen wir, nicht wahr, mein Kleiner? Mama hat dich so lieb.«

Frau Uhlig und ihre schrecklich nette Familie

Immer noch standen wir am Flughafen. Ich hatte den Kleinen auf dem Arm und bedeckte ihn mit Küssen. Aber diesmal war der Große weg. Ich war nur eine Sekunde unaufmerksam. Wir hatten uns doch quasi nur weg- und wieder umgedreht. Er war wie vom Erdboden verschluckt. Einfach weg. In der Entfernung konnte ich Herrn Karl ausmachen, er kam aus dem Duty-free-Shop auf uns zu. Er schüttelte den Kopf. Nichts. Wie konnten Eltern mehrfach ihre Kinder verlieren? Waren wir schlechte Menschen? Kamen wir unserer Aufsichtspflicht nicht nach? Ich schämte mich, das konnte doch alles nicht sein. Langsam kroch die Panik von meinen Zehenspitzen nach oben.

Wären wir doch nie nach Mallorca geflogen. Mittlerweile war Herr Karl bei mir angelangt.

»Oh Gott. Oh Gott. Wo ist er? Was ist, wenn …? Oh Gott.«

»Uhlig, hör zu. Ich bin auch besorgt und sprachlos. Aber: Wir sind am Flughafen, nach der Passkontrolle! Hier kann nichts passieren, er kann gar nicht weit weg sein.«

»Hast du eine Ahnung, Karl. In dem Alter vom Großen hat meine Mutter mich einmal auf dem Athener Flughafen verloren. Ich war so fasziniert von einer Frau und bin ihr hinterhergelaufen. Bis ins Flugzeug rein. Erst da ist es dem Personal aufgefallen.«

»Siehst du, Uhlig. Es ist ihnen aufgefallen. Schon damals ist es ihnen aufgefallen. Und niemand nimmt den Großen freiwillig mit.«

»Jeder, jeder nimmt ihn freiwillig mit!«

»Uhlig, das sollte ein Scherz sein. Aber hör zu: Du gehst zum Service-Point und ich in die andere Richtung. Den finden wir wieder, das schwör ich dir.«

Es war gar nicht so einfach, dem Mann am Service-Point begreiflich zu machen, was mein Anliegen war. Auch hier traf ich wieder auf die seltene Spezies der nicht Deutsch sprechenden Flughafenmitarbeiter, und nun erklär dieser Spezies einmal, dass du dein Kind verloren hast und dass er nun bitte umgehend eine Flughafendurchsage machen möge. Jetzt! Und eigentlich nicht er, sondern ich. Ich wollte sprechen, ich wollte die Durchsage auf Deutsch machen, damit mein Kind sie auch verstehen konnte. Was hilft es dem Großen, wenn auf Englisch eine Durchsage kommt und in der sein Name wahrscheinlich auch vollkommen anders und absurd klingt? Ich musste sprechen. Ich, seine Mama, die vertraute Stimme, musste diese Durchsage jetzt machen. Aber das konnte ich diesem Mann nicht begreiflich machen. Stur saß er einfach nur da auf seinem Sessel. Ich redete wie eine Wahnsinnige auf ihn ein: »Hear what I say. The Problem is, that my kid can't speak English, you understand? No English can speak my son. So you can't make a Durchsage in English, you know? You must give him me. I must speak. I am the mother, he is my son. He will hear my voice and understand my words.«

»Madame, it is not possible«, antwortete der Service-Mitarbeiter spröde.

Ich wurde lauter: »Why, you don't understand my problems? I missed my child. He is away. Weg. My child is weg and you say, it's not possible?«

»Madame, it's not possible.«

Ich wurde wahnsinnig mit diesem ignoranten Menschen! Nun schrie ich ihn fast an: »Give me the phone now, please. I make the Durchsage now! When you get problems, than I speak with your chef. I need my son now. I'm a mother, you understand?«

Hilflos griff ich nach dem Mikrofon, der Mann war schneller. Nun schrie ich ihn wirklich an: »Give me the phone now! I'm a mother in panic. Phone now!«

Ich war im Begriff, ihm gewaltsam das Telefon zu entreißen. Herr Karl tauchte hinter mir auf.

»Uhlig, was machst du da?«

»Der Mann ist so stur. Ich will eine Durchsage machen.«

»Du, Uhlig?«

»Natürlich ich, Karl. Der Mann kann doch gar keine Durchsage machen, der Große versteht doch kein Englisch, was will er denn sagen? Wo will er ihn denn hinbestellen?«

»Aber Uhlig, du kannst ihm doch nicht das Mikrofon wegreißen. Jetzt beruhig dich erst mal. Ich erledige das. Du gehst in der Zwischenzeit noch einmal im Duty-free nachschauen.«

»Nichts mache ich, Karl! Gar nichts mache ich!«

Schweigen.

»Ich bleibe jetzt hier, bis der Mann eine Durchsage macht!«

Böse starrte ich Herrn Karl an.

»Ja, genau, Uhlig. Dazu musst du ihn aber in Ruhe lassen.«

»Entschuldige, Karl, der hat doch die Ruhe weg, den brauchen wir nicht auch noch in Ruhe zu lassen.«

In dem Moment bekam der Mann einen Anruf. Er nickte und wandte sich zu uns.

»Madame, what's the name of your child?«

Das konnte doch nicht wahr sein. Wie begriffsstutzig war der denn? »I told you before his name! I like the name, it's a good name.« Ich nannte ihm erneut den Namen vom Großen.

»Yes, Madame. Wait a moment, please.«

Wir hörten, wie er irgendetwas ins Telefon murmelte, zuhörte und sich dann wieder an mich wandte: »And your name is, Madame?«

»My name is Elena, in real I am Eleni, but all people call me Elena. But in the passport I'm Eleni. My mother thinks, that people don't speak my name good. They say all Eleniiii or Eeeleni and she don't like it. So Elena is easier, she thinks. But my name comes from my Urgroßmama, from my father, he is Greek and Eleni comes from the beautiful Helena, the woman of Troja, you understand?«

Er sah mich verständnislos an und wiederholte seine Frage: »Madame, what's your name?«

»Her name is Elena Uhlig«, kam mir Herr Karl zuvor.

»Okay, than you are the mother.«

»Sure, I'm the mother, what should I be sonst?« Der Mann brachte mich zur Weißglut.

»So, Uhlig, beruhig dich jetzt. Lass mich das kurz regeln, sonst kommen wir hier nicht vom Flughafen weg.«

Manchmal habe ich so eine Tendenz, mich festzufressen, aber wirklich nur manchmal. Aber dieser Mensch machte das auch extra. Er wollte mir nachträglich den Urlaub versauen, wollte einer verzweifelten Mutter nicht helfen, ihr Kind zu finden.

»Sie haben ihn. Er ist im Terminal E. Wie er da hingekommen ist, frag mich nicht«, durchbrach Herr Karl meine Gedanken.
In dem Augenblick kam eine Durchsage: »Last call for passengers! ... Die noch fehlenden Passagiere des Air-Berlin-Flugs 852 von Palma de Mallorca nach Salzburg werden gebeten, sich umgehend zum Ausgang B52 zu begeben. Achtung! Achtung! Last call for passengers! ...«
Jetzt aber Beeilung! Wir brauchten Kind und Flug! Und tatsächlich: Unser Großer wartete am Service-Point des Terminals E. Interessanterweise hatte ihn ein Österreicher von der Rolltreppe gepflückt, als er da verloren stand. Er schien einfach weitergegangen zu sein, bis er an einer Rolltreppe ankam, die zu dem Zeitpunkt schon ungefähr zweihundert Meter von uns entfernt war.
»Es ist mir eine Ehre, Ihr Kind gefunden zu haben, Herr Karl«, deutete der Herr aus Österreich einen Diener an, »ich darf mich empfehlen, mein Flug wurde gerade aufgerufen.«
Manchmal ist es gar nicht schlecht, wenn man von den Leuten erkannt wird. Schön wäre es aber auch, wenn nicht der ganze Flughafen davon erfahren würde.
»Last call for passengers Friedrich Karl, Elena Uhlig and family. Please come immediately to Gate Number B52, your flight to Salzburg gets closed.«
Aber sollte jemand der englischen Sprache nicht mächtig sein, so war das in diesem Fall kein Problem, denn natürlich wurde diese Durchsage auch zweimal auf Deutsch wiederholt. Klatschnass geschwitzt und völlig fertig erreichten wir den Flieger. Beim Betreten des Fliegers wurde applaudiert, sämtliche Passagiere saßen schon wartend auf ihren Plätzen. Der Horror.

»Warum applaudieren die, Mama?«
»Weil du wieder da bist, mein Großer.« Ich drückte meinen Großen fest an mich und schaute zu Herrn Karl: »Danke für den Urlaub, Karl.«
»Ich danke dir, Uhlig.«
Wir versanken in unseren Sitzen, endlich fiel die Anspannung von uns ab. Nun lagen zwei Stunden Ruhe vor uns. Aber eines interessierte mich doch und sollte noch schnell geklärt werden: »Hast du den Autoschlüssel, Karl?«
»Den hast du, Uhlig.«
Schweigen.

Frau Uhlig sagt »Danke«

Ich danke meiner Literaturagentin, Sohela Emami, dass sie immer an mich geglaubt, mich immer motiviert und unterstützt hat und mir letztlich auch die zündende Idee zu diesem Buch gab: »Uhlig, schreib einfach über dein Leben, da gibt's genug.«
Ich danke Christina Brücher für die ganze Presse und PR-Arbeit und ihr Engagement rund ums Buch.
Auch möchte ich Katharina Ilgen, Andrea Neuhoff, Jochen Kunstmann, Johannes Schermaul, Sandra Schaffarczyk und Sibylle Dietzel herzlich für ihre großartige Arbeit danken. DANKE!

Und natürlich allen voran Margit Ketterle. Danke!

Und nun gibt es eine Dame, der ich gerne einen Brief schreiben möchte.

Danke, liebe Frau Novel!
Es war mir eine große Freude, auch mein zweites Buch zusammen mit Ihnen entstehen zu lassen. Dass Sie an mich geglaubt haben und mich ertragen haben, lässt hoffen auf ein drittes Buch … ☺
Nein, im Ernst, ich danke Ihnen von Herzen, dass Sie sich meiner Verrücktheit so angenommen haben. Sie haben mir geholfen, wenn ich nicht weiterwusste,

und konnten mich mit Ihrem fundierten Wissen sanft, aber präzise wie ein Schweizer Uhrwerk auf den Weg zurückbringen.
Danke, danke, danke für Ihr tolles Lektorat.
Frau Novel, ein Glück, dass es Sie gibt!
Ihre Uhlig

PS: Wann können wir telefonieren …? ☺

Und dann gibt es einen Menschen, ohne den sich Frau Uhlig das alles nicht vorstellen kann. Deshalb möchte Frau Uhlig, dass wir zum Abschluss jetzt alle für Christie singen:

Danke für diesen guten Morgen
(Version für Christie)

Danke
… für die vielen Stunden
… dass du die Nerven hast
… für das gute Lachen
und für das gute Wort.

Danke
… für deine Geistesblitze
… für deine Intuition
… für deine guten Finger,
die waren ganz weit vorn.

Danke
… für deine gute Laune
… für deine besonnene Art
… dass du mich auch in dunklen Stunden
nie verlassen hast.

Danke
… dass du nie verzweifelst
… dass du immer bei mir warst
… für diese hellen Tage
und deinen großen Mut.

Danke
… sagt man viel zu selten
… sagt man nie genug
… liebe Christie, danke,
du tust einfach gut.

Elena Uhlig

Mein Gewicht und ich

Eine Liebesgeschichte in großen Portionen

Abnehm-Shakes, anstrengende Sportstunden und Diäten gehen der Schauspielerin Elena Uhlig gehörig auf den Keks. Kurz vor ihrem 40. Geburtstag beschließt sie, sich dem Schlankheitswahn nicht länger zu unterwerfen. Sie tauscht den entschlackenden Kräutertee gegen Cola und den Personal Trainer gegen lange Spaziergänge. Und endlich ist es wieder da, das schöne Leben.
Elena Uhligs fröhliche und mutmachende Geschichten sind ein augenzwinkernder Spaß für alle Frauen, die im Leben die Kurve gekriegt haben.

»Elena Uhlig erzählt lesenswert und witzig von ihren Versuchen, sich vom Diät- und Fitnessdruck zu befreien.«
Bunte

KNAUR